海上丝绸之路大冒险

第三部

中国渔网和辛格的魔瓶

王军 等著

哈尔滨工业大学出版社
HARBIN INSTITUTE OF TECHNOLOGY PRESS

内容简介

进入印度洋后,奇奇和翔龙决定先去印度沿岸游玩,因为那里是大英雄郑和的船队去过最多次的地方。半路上,正如海蛇帮帮主大海蛇预言的,他俩果然遇到了锤头鲨险恶的"死亡之舞"禁地,一番惊心动魄的斗智斗勇之后,他俩有惊无险地通过了禁地。在印度海岸的一个小渔村,他们遇到了一个叫辛格的印度小男孩。小男孩家里有一张当地叫"中国渔网"的捕鱼网,还有一个放在渔网里的瓶子——据说是一个有魔力的瓶子。

小男孩总是守在渔网边,好像在期待着什么。让奇奇和翔龙更惊讶的是,在渔网附近的海面下,一条长得很可爱的圆点鲀一直看着小男孩,似乎很关心他。那么这种叫"中国渔网"的捕鱼器具和几百年前郑和的船队有什么关系?小男孩天天守着放在渔网里的魔瓶又在等待什么呢?奇奇和翔龙从圆点鲀点点那里知道真相后,他们仨又是如何前往蛇鱼谷,大战霸道的毒蛇鱼,寻找到神奇的麒麟菜,帮助小男孩实现心愿的呢?一切谜题都会在第三部中揭晓。

图书在版编目(CIP)数据

中国渔网和辛格的魔瓶/王军等著. -- 哈尔滨:哈尔滨工业大学出版社,2017.3
(海上丝绸之路大冒险)
ISBN 978-7-5603-6020-1

Ⅰ.①中… Ⅱ.①王… Ⅲ.①儿童文学-中篇小说-中国-当代 Ⅳ.①I287.45

中国版本图书馆CIP数据核字(2016)第102710号

策划编辑	闻　竹
责任编辑	苗金英
插　　图	蒲　怡
出版发行	哈尔滨工业大学出版社
社　　址	哈尔滨市南岗区复华四道街10号　邮编 150006
传　　真	0451-86414749
网　　址	http://hitpress.hit.edu.cn
印　　刷	哈尔滨经典印业有限公司
开　　本	787mm×1092mm　1/16　印张10　字数80千字
版　　次	2017年3月第1版　2017年3月第1次印刷
书　　号	ISBN 978-7-5603-6020-1
定　　价	29.80元

(如有印装质量问题影响阅读,我社负责调换)

《海上丝绸之路大冒险》编委会

主　任：王　军

委　员：**孟昭荣**　　　　　　　　**鲁海娇**
（哈尔滨幼儿师范高等专科学校）　（北京市昌平第二实验小学校）

　　　　陈　泽　　　　　　　　**何　萍**
（哈尔滨市第五十八中学校）　　　（河北省廊坊市香河县第一中学校）

　　　　叶春晓　　　　　　　　**丁　健**
（哈尔滨市第三十二中学校）　　　（深圳市南山中英文学校）

　　　　郑　也　　　　　　　　**陈淑华**
（辽宁省葫芦岛市实验中学校）　　（哈尔滨市第一二二中学校）

目录

一、超级自恋狂 /1
 本节知识小贴士 安达曼群岛 /11
 奇奇海洋知识千千问 世界上最美的龙虾是哪种龙虾？/12

二、不打不相识的朋友 /13
 本节知识小贴士 夏威夷草裙舞 /24
 奇奇海洋知识千千问 你知道怎样判断龙虾的年龄吗？/24

三、锤头鲨的禁地之舞 /26
 本节知识小贴士 斯里兰卡的郑和碑 /37
 奇奇海洋知识千千问 郑和的船队去过次数最多的地方是哪里？/37

四、海边忧伤的小男孩 /39
 本节知识小贴士 潟湖 /49
 奇奇海洋知识千千问 锤头鲨的怪模样有什么特别的用处？/50

五、中国渔网和奇怪的朋友 /52
 本节知识小贴士 印度人的服装 /62
 奇奇海洋知识千千问 中国渔网真的是郑和传到印度的吗？/63

六、圆点鲀的故事 /65
 本节知识小贴士 印度的神猴 /75
 奇奇海洋知识千千问 箱鲀为什么被称为盒子鱼？/76

七、渔网里的魔瓶/78
本节知识小贴士　　航海罗盘/89
奇奇海洋知识千千问　麒麟菜真的可以治病吗？/90

八、小伙伴们的决定/91
本节知识小贴士　　印度的国花/102
奇奇海洋知识千千问　有比锤头鲨长得还奇怪的鲨鱼吗？/102

九、寻找神药/104
本节知识小贴士　　印度的国鸟/113
奇奇海洋知识千千问　寄居蟹为什么要背别人的房子？/113

十、寻找蛇鱼谷/115
本节知识小贴士　　印度的国树/125
奇奇海洋知识千千问　蛋黄水母有多么像打开的蛋？/126

十一、霸道的毒蛇鱼/127
本节知识小贴士　　印度的泰姬陵/136
奇奇海洋知识千千问　毒蛇鱼和蛇有关系吗？/137

十二、还算圆满的结局/139
本节知识小贴士　　需要随时"灭火"的印度美食/152
奇奇海洋知识千千问　哪条才是拿回宝藏的正确道路？/152

一、超级自恋狂

成功逃脱了海蛇帮海盗们的追捕，奇奇和翔龙的心情非常好，他俩快乐地畅游在浩瀚清澈的印度洋中，奇奇还兴奋地玩起了贴水面连连跳的游戏，很像人类小孩玩的打水漂儿游戏。

"奇奇，我也来试试。"看奇奇玩得开心，翔龙也跃跃欲试。

不过，翔龙比较胖，和灵活的奇奇相比，动作也就笨拙一些，所以虽然他很努力，还是不能像奇奇一样，轻松地在水面上连续来几个姿势优美的跳跃。

"奇奇，你跳得真好。"翔龙羡慕地说道。

"嘿嘿——"奇奇有些不好意思地笑了。

嬉戏了一会儿，两个小伙伴又肩并肩游在一起，奇奇扭头问道："翔龙，我们下一站去哪里游览啊？"

"去印度的古里，一个美丽的海滨城市。"翔龙已经看过郑和下西洋的地图了，他很肯定地答道。

"嗯——希望在那里可以遇到一些有趣的事情。"奇奇对新的目的地充满了期待。

确定了接下来的行程，两个好朋友无忧无虑地尽情享受着美丽的印度洋风光。

看到这里，读过第二部的小朋友应该会记得，在逃脱马六甲海峡海盗们的追捕时，海蛇帮帮主大海蛇曾经冷笑着预言过，说奇奇和翔龙绝不可能活着通过锤头鲨的"死亡之舞"禁地，这不禁让人为他俩捏了一把汗：锤头鲨的"死亡之舞"禁地到底有多么可怕？它又在哪里呢？

对此奇奇和翔龙一无所知——他俩没有听见大海蛇说这番话。

与宽广的中国南海相比，印度洋更加辽阔，奇奇和翔龙一路向西北方向游去，沿途都是和家乡风景完全不同的异域风光。

现在他俩所处的水域是缅甸海（安达曼海），再往前就是孟加拉湾。游着游着，前面忽然出现了很多岛礁，像一条被扯断的珍珠项链上的珍珠，散落在一望无垠的大海上。

"奇奇，我们到那些小岛上去看看，顺便休息一下。"翔龙建议道，经过马六甲海峡紧张激烈的追逃赛，他和奇奇的身心都有些疲乏，确实需要找个安静的地方休整一下。

他们调整方向，向着附近最大的一座岛屿游去。

这些岛屿是安达曼群岛的一部分，位于孟加拉湾和安达曼海之间，这里一年四季气候炎热，风景宜人。

这里的海水清澈明亮，从水里往岸边看，可以清楚地看到沙滩上土黄色的沙子，还有岛上郁郁葱葱的树木。

"奇奇，我们先围着小岛游一圈，看看有没有什么危险。"吃一堑长一智，经过了之前的教训，翔龙明显谨慎了许多。

"好哇，正好可以欣赏一下这里的风景，再顺便看看有什么好玩的东西。"现在奇奇又长大了一点，他已经不怎么想念老家的妈妈和兄弟姐妹了，反而越来越对新奇的旅途充满了兴趣。

小岛周围的水域很安静，除了遇到一些友善的热带海洋居民，比如五彩缤纷的热带鱼、浑身长满尖刺的海胆外，并没有什么特别的。

"嘻嘻，奇奇，警报解除。"翔龙笑眯眯地说。

"哈哈——我早就知道会这样。"奇奇好像把具有特异功能的海蛇娘的本事都学会了，竟然也可以预知未来了。

"哼哼——我才不信你有这种本事呢。"翔龙可不会那么容易被奇奇糊弄了，他俩一个追一个逃，嘻嘻哈哈地在浅水湾里嬉闹起来。

海上丝绸之路大冒险

"你们两个小家伙,快离开这儿。"一个明显很不友好的声音忽然在他俩的耳边响起。

奇奇和翔龙听了不由得一愣,没想到在这么美丽、安静的地方,也会遇到这样的事情。他俩定睛朝声音响起处看去,只见在一块大礁石的下面,有一个很宽敞的洞,洞口有一个看起来很威风的家伙正竖着一对棒槌眼瞪着他俩——原来是一只大龙虾。

"你好,龙虾先生,很高兴认识你。"奇奇主动打招呼。

"为什么让我们离开呀?我们又没有待在你的洞口。"翔龙不服气地反驳道。

"哼哼——这里都是我的地盘,我说不让你们待就不让你们待。"大龙虾很霸道,见翔龙竟然敢顶嘴,生气地从洞里冲了出来,一边摆动着脑袋上那一对长长的触须,一边挥舞着身侧的几对螯钳,怒气冲冲地比画着。

"真不讲理。"见大龙虾这么蛮横,奇奇小声嘀咕道。本来嘛,这么大的一片海底沙地,怎么会都是大龙虾的地盘呢。

"什么!竟然敢说我不讲理!两个小丑八怪,快点离开,不然我就不客气了。"大龙虾快被气疯了,脑袋上的一对棒槌眼快速地左右闪动着,有力的腹部也弓了起来,众多螯钳张牙舞爪的,一副随时准备动手的架势。

锦绣龙虾

实际上大龙虾长得很漂亮，他身材匀称、体格魁梧，一对长触须潇洒飘逸，再加上色彩斑斓的体色，绝对称得上龙虾里的美男子，可是现在，愤怒让他变成了一只可怕的怪物。

"什么，竟然说我们是丑八怪，你才是丑八怪呢。"翔龙也火了，他最讨厌人家说他丑了，要知道他可一向都自称是天下第一的美男子呢。

"哼哼——我相貌堂堂、玉树临风，可是这附近有名的美男子，我要说第二就没人敢说第一。"没想到大龙虾也很自恋，说到美，他已经忘记了刚才气得要动手的事，左顾右盼自己华丽的彩衣，还不时炫耀地扭动着腰肢。

"翔龙，他确实很好看呢。"奇奇觉得大龙虾真的很漂亮。

"哼——我也不差呀，要不然大家就来比比，看谁更美丽。"翔龙也很自信，他天生长着美丽的花纹，像披着一件多彩的衣服。

"哈哈——想和我比美，真是不自量力。"大龙虾见翔龙竟然向自己发起挑战，现出一副不屑一顾的表情。

"别吹牛，谁更美大家说了才算，你敢和我当众比试一下吗？"翔龙将了对方一军。

"比就比，谁怕谁呀。"大龙虾将长触须潇洒地一甩,很干脆地答应了。

吵闹声惊动了附近的海洋居民,大家都向他们围拢过来。

"听说这只外来的小海龟要和龙虾先生比美呢。"一只鱿鱼摆动着优雅的触须说道。

"天哪,龙虾先生可是我们这儿有名的美男子,我想小海龟一定会输的。"一条心地善良的虾虎鱼为翔龙捏了一把汗。

"我看不见得,那只小海龟也挺漂亮的。"另外一个同伴并不同意他的意见。

在围观的海洋居民议论纷纷、各自发表高见的时候,翔龙和大龙虾已经较上了劲,他俩像一对斗架的公鸡一般,互相瞪着对方。

"你说怎么比?哼——怎么比我都不怕。"大龙虾傲慢地说。

"你说如何比?"翔龙一时没有想好,又反问道。

"你是新来的,我就让让你,让你挑比赛方式——哼,怎么比我都是最美的。"大龙虾看样子真的是超级自恋,他并不是和翔龙客气,而是真的认为翔龙根本就不是自己的对手。

在翔龙和大龙虾较劲的时候,奇奇在一边急得团团转,可是他根本劝阻不了。

翔龙扭头问:"奇奇,你说怎么比才公平合理呢?"

奇奇不想让双方伤了和气,他想了一下说:"要不你们来一场化装比赛吧!"

化装比赛!奇奇的提议完全出乎大家的意料,翔龙和大龙虾一起瞪大眼睛看着他,等着他解释。

"就是你们在规定的时间里,利用附近可以找到的东西装扮自己,然后给大家表演,谁获得的掌声多,谁就赢得比赛的胜利。"奇奇解释道。

"好,就这么办。"翔龙觉得奇奇的这个办法很公平合理。

"我也同意。"大龙虾一副完全无所谓的表情。

翔龙和大龙虾可能没有想到,这是善良聪明的奇奇为了不伤害任何一方想出的一个绝妙的主意:假如有一方比赛输了,他就会上前安慰对方,说"你也是很美的,只是化装的环节出了一点问题而已"。这样,比赛输的一方心里就会好过一些。

比赛的方式确定了,双方都立刻准备起来,因为时间很紧迫——太阳投在水中的光影照到大龙虾家门口的时候,比赛就正式开始了。

一大群海洋居民围在大龙虾的身边,翔龙的旁边只有奇奇,显得有些冷清。

"奇奇,你说怎样才能战胜那只狂妄的大龙虾呢?"

刚才和大龙虾对峙的时候,翔龙显得很有信心,这会冷静下来,他才觉得这件事没有自己想得那么简单。

奇奇觉得大龙虾虽然有些霸道,不过也不算什么坏人,但是他还是希望自己的好朋友获得最后的胜利。

"翔龙,你一定要出奇制胜才行。"奇奇说的是实话,因为大龙虾确实很漂亮,如果是正常的装饰,翔龙未必能战胜对手。

"我也知道,可是怎样才能出奇制胜呢?"翔龙现在也开始发愁了。

想着想着,愁眉苦脸的翔龙忽然眉开眼笑起来,"嘿嘿,就这么办,我一定能打败那只不可一世的大龙虾。"

"翔龙,你想到了什么好主意呀?"奇奇问道。

"嘿嘿,你快跟我来,一会你就知道啦。"翔龙神秘地冲着奇奇眨了眨眼,转身朝一片长势茂盛的海草区游去。奇奇不知道他到底想干什么,紧紧跟在了后面。

他俩的举动让大龙虾误会了,以为是要逃走,大龙虾高声叫道:"小海龟,要是没信心就早点认输吧,现在还来得及。"

"我才不会呢,你就等着吧,我一定会战胜你。"远远地传来翔龙很自信的声音。

来到海草区,翔龙来回仔细观察了一下,这是一片

很茂密的海草区,有宽叶片的,也有窄叶片的,杂生在一起,随着海浪来回摆动着,像舞女婀娜妩媚的身姿。

"翔龙,你到底想干什么呀?"奇奇见翔龙来回观察水草,时间在一分一秒地过去,他忍不住问道。

"嘿嘿,暂时保密,你快点帮我把海草扯断,然后再绑到我的腰上。"翔龙满脸笑容,看起来似乎胜券在握。

时间紧迫,奇奇来不及多问,他赶紧帮着翔龙把一

条条宽窄不一的水草扯断,然后系到了他的腰间。实际上翔龙的身材圆溜溜的,哪有什么腰啊,总之就是系在中间向上一点的地方。

经过一番紧张的忙碌,奇奇将最后一条像草裙似的水草带子围在了翔龙的腰间。翔龙又用一根宽叶水草围成一个圆环,戴在了圆溜溜的大脑袋上。

"怎么样,奇奇,好看吗?"翔龙在原地转了两圈,摆了摆身体问道。

"嗯——也许好看吧。"奇奇犹豫了好大一会儿,才说出了这么一句,他觉得翔龙的装扮实在是太怪异了。

安达曼群岛

安达曼群岛位于印度洋中孟加拉湾与安达曼海之间,属印度管辖,由北安达曼群岛、中安达曼群岛和南安达曼群岛组成大安达曼群岛。此外,还有兰德法耳岛、韦斯特岛等岛屿。我国古籍中称之为"倮人国"。岛上的原住民是矮黑人。

世界上最美的龙虾是哪种龙虾？

锦绣龙虾是龙虾家族中个头比较大的，体长可以达到55厘米，同时，它们也是最美的一种龙虾。

锦绣龙虾身体的色彩就如它们的名字一样，色彩斑斓、花团锦簇，身上通常有黑、黄、蓝等多种色彩融合形成的条纹，看起来很像水彩画浸润后的效果。

锦绣龙虾外侧的两条触须非常长，通常长过体长。触须感觉灵敏，在遇到敌人的时候，可以转动第二触角摩擦发音器，发出一种吱吱的声响以吓退敌人。平时它们经常群栖在一起，喜欢相互打斗，通常以俯冲的方式攻击对方。

锦绣龙虾广泛分布于我国沿海、南太平洋、印度洋等地。在夏季的时候，它们栖息于近海浅水区，秋冬季节移向较深的海域，繁殖季节又回到浅海区。

二、不打不相识的朋友

在翔龙和奇奇精心地准备着比赛的时候,大龙虾在众多邻居的帮助下,打扮得花枝招展,光彩照人。

他的背上装饰着许多美丽的珊瑚,这是他的邻居们从附近的珊瑚林里捡拾了一些折断的小珊瑚枝,安置在他的身上。为了让自己更漂亮,大龙虾还邀请了一位特别的邻居——一只有着艳丽触手的海葵,临时住在他的身上,这样大龙虾走动的时候,看起来就像一座移动的美丽的花园。

终于,决战的时刻到了,两位选手在大家的注视下,走到了比赛的舞台——浅水区里一块宽而平坦的片状珊瑚石边。

"现在有请两位选手上场。"一条美丽的神仙鱼自告奋勇当起了主持人。

大龙虾首先出场。他一露面,就获得了观众热烈的欢呼声。

"天哪,他今天可真美。"一只动作慢腾腾才赶过来看热闹的海胆说道,一边说还一边抖动了一下浑身黑乎乎的尖刺。

接着翔龙出场了,他怪异的装束让珊瑚石周围一片安静,过了好一会儿才响起了几声稀稀拉拉的掌声。

看到观众们的反应,奇奇紧张坏了:他最担心的事情发生了。

可是再看台上,翔龙好像胸有成竹,他高高地挺着胸脯,嘴角还挂着一丝轻松的微笑。

"下面谁先比赛呢?"主持人神仙鱼问道。

"我先来。"大龙虾从大家的掌声里似乎已经认定自己必胜无疑了。

"欢迎一号选手大龙虾先生开始表演。"主持人神仙鱼有模有样地说。

大龙虾率先开始表演,只见他高昂着头,迈着优雅的步子,好像一位名模在T台上走秀。他一边走一边左顾右盼,对自己美丽的身姿充满了自信。他的表演得到了观众们的热烈欢迎。

"谢谢各位。"大龙虾先生下台的时候还给观众们鞠了个躬。

接着该翔龙上场了,只见他不慌不忙地走到舞台中央,刚刚站定,这时正好一阵海浪涌来,原本奇奇给他整理好的海草一下子被打乱了,好几根水草都翻卷起来,缠到了他的胳膊上。

翔龙努力想挣脱,可是他越挣扎水草缠得越紧,最后不小心被一块小石头绊了一下,差点摔倒。

"哈哈——"台下响起一片哄笑声。

"哼哼——我就知道他不是我的对手,怎么样,还没表演就出糗了,待会表演还不知道会出什么洋相呢。"大龙虾在一边幸灾乐祸,开心得脑袋上的两根长触须摆动得像汽车上的雨刷器。

"龙虾先生,你一定会获胜的,我们这儿没人比你更美。"他的友情出演伙伴——海葵,贴在他的耳边说道。

"哼哼——你不说我也知道,我有这个自信。"大龙虾一点也不谦虚。

奇奇赶紧上台帮翔龙整理,热心的客串主持人神仙鱼也过来帮忙。在他俩一顿手忙脚乱地拉扯后,原本缠绕在一起的水草终于被重新理顺了,飘逸地垂在翔龙的腰间。

见了奇奇和神仙鱼的举动,台下原本嘻嘻哈哈的观众们渐渐安静下来,他们你看看我,我看看你,脸上现出一丝羞愧的神色。

"下面请二号选手翔龙先生开始表演。"很有临场应变经验的神仙鱼再次报幕。

"哗——"安静了一秒钟后,台下忽然爆发出一阵热烈的掌声。

观众们的热烈掌声让翔龙既尴尬又有些意外,他刚才差点出了洋相,现在脸还红着呢。

"翔龙,加油。"奇奇对翔龙喊道。

"嗯——"翔龙冲奇奇用力地点了点头。

翔龙开始表演了,只见他卖力地扭动着身体,两只前肢在空中左右挥舞着,同时嘴里还发出有节奏的"嘿儿哈"的喊声。翔龙奇怪而又热情奔放的舞蹈把大家看得目瞪口呆,连整天和他在一起的奇奇也惊讶得张大了嘴巴。

翔龙还在台上忘我地跳着，忽然安静得可以听见一根针掉落声音的人群里，发出了一阵震耳欲聋的欢呼声：

"好啊，他跳得太美了。"

"真好看，这是我看过的最精彩的表演。"

……

台下的观众们沸腾了，他们忽然一起涌上了舞台，跟着翔龙一起拼命地扭动起来，差点把坚硬的珊瑚石舞台都震塌了。

看着这神奇的一幕，奇奇以为自己是在做梦，他用脑袋碰了一下旁边的一根枝状珊瑚，哎哟，真疼啊——原来一切都是真的，不是在做梦呢。

原本以为自己稳操胜券的大龙虾先生也傻眼了。

比赛的结果已经不言自明了。

这时奇奇事先想好的对策终于派上了用场，只见他游到大龙虾的身边，贴近他的耳朵说了几句，原本还有些垂头丧气的大龙虾立刻精神起来。

"真的吗？你说的都是真的？"他急切地问道。

"当然，我真的这么认为。"奇奇一脸真诚地说。

"朋友，你是我真正的好朋友，最懂得欣赏、理解我了。"大龙虾瞬间把奇奇当成了知己。

此时舞台上的欢乐还在继续，翔龙瞬间化身全海洋第一舞王,只见他被众多的海洋居民围在中间,大家一起唱啊跳啊。队形忽然又变成了一字长蛇,翔龙在前边领舞,大家都跟在他后面,长长的队伍可以围绕宽大的舞台好几圈。

"要……要不我们也一起过去吧。"奇奇看大家玩得非常开心,他也有点想加入,可是又怕伤了身边龙虾先生的心。

"好哇,可真热闹,我们这儿很久没有这么热闹的场面了。"大龙虾先生一口答应了。

奇奇和大龙虾——不,还有贴在大龙虾身上的海葵——一起加入欢快的舞蹈队,他们一起快乐地舞动着,这场突如其来的舞会一直跳到大家都筋疲力尽了才结束。这时关于大龙虾和翔龙比赛的事,早就被大家抛到了脑后。

俗话说不打不相识,经过这场比赛,翔龙和大龙虾竟然成了好朋友——他俩都是海洋里名副其实的美男子,又何必非要分个高低呢。

"你跳的是什么舞哇?可真美。"大龙虾忍不住问道,这也是奇奇一直想知道的。

"这是夏威夷草裙舞,我从电视上学的。怎么样,好看吧。"翔龙兴奋的劲儿还没有完全消退,他简短地介绍道。

电视！草裙舞！所有的海洋居民都感觉很新奇，这可都是他们第一次听说的新鲜事物。

"你能教我跳草裙舞吗？"大龙虾一脸真诚地请求道。

"还有我。"

"还有我们。"

大家一起围了上来。

"没问题，你们想学，我一定教你们。"翔龙很干脆地答应了——当老师的感觉可真好。

这天晚上，奇奇和翔龙就住在大龙虾宽敞的家——一块大礁石下的缝隙里。晚上，当明月悬挂在海面上空的时候，三位新认识的朋友一起静静地坐在礁石前平坦的沙地上，一边看着月亮在水中的倒影，一边说着悄悄话。

"你们到这儿干什么？"大龙虾问道。

"我们想到印度的古里去，从这儿路过。"奇奇回答道。

"那么你们从哪儿来？"大龙虾接着追问。

翔龙简单地讲述了他和奇奇一路上的经历，大龙虾认真地听着，一脸佩服的表情，只是翔龙提到南海的时候，他脸上的表情有些奇怪。

"你们俩可真勇敢。"大龙虾由衷地赞叹道。

"龙虾先生,你一直住在这儿吗?"奇奇问。

"不,我是移民到这儿的,我的老家在南海。"大龙虾回答道。

在远离家乡的地方竟然还意外遇到一位老乡,这让奇奇和翔龙非常激动。

"龙虾先生,你为什么要搬到这儿住哇?远离家乡的亲人、朋友多寂寞呀。"翔龙不解地问道。

原来,前些年家乡污染太严重,再加上渔民们过度捕捞,龙虾家族都快要绝种了,不得已,他才背井离乡,来到这遥远的印度洋中孤零零地过日子,他也很想念家乡。

"龙虾先生,南海现在可美了,我和翔龙刚从那里经过,还认识了许多好朋友,有红鱼、螳螂虾……"奇奇为了证明自己说的都是真话,一口气列举了在南海认识的许多好朋友。

"真的吗?我的老家真的变美了?"大龙虾有些半信半疑。

"我做证,奇奇说的都是真话。龙虾先生,你应该早点回家去看看了。"翔龙在一边插话道。

"是的,很久了,也许……也许是该回去看看了。"大龙虾一脸乡愁,他抬头看着天上的明月,记忆中南海上空的月亮似乎更大更圆。

"龙虾先生,你到这里多久了?"奇奇好奇地问。

根据大龙虾满脸的思乡之情来判断,他应该离家很久了。

"我来算算。"大龙虾一边说一边使劲摆动着双眼,长长的眼柄像两根指挥棒。

"龙虾先生,你生病了吗?"奇奇觉得龙虾先生的反应很古怪,他有些不放心地问道。

"你这是在干什么?"翔龙也不解地问道。

"我这是在算离家的年头呢。根据我们龙虾纪年的算法,我到这里已经12年了。"最后大龙虾总算恢复了正常,有些伤感地说道。

12年!确实是一段很长的时间了。

"龙虾先生,什么是龙虾纪年哪?"奇奇问道。

"这是我们锦绣龙虾计算年头的方法,秘密就在我们长长的眼柄里,不过虽然我很清楚,却很难和你们说明白。"大龙虾坦诚相告。

原来是这么回事,虽然奇奇还不是完全明白,不过也算是有了答案。

"锦绣龙虾!你的名字可真好听。"翔龙赞叹道。

"嘿嘿,我们天生身上就布满了明亮多彩的纹路,看起来好像穿了一件美丽的花衣裳,所以才有了这么一个好听的名字。实际上我在南海老家的时候,名字更响亮呢,大家都叫我们中华锦绣龙虾。"大龙虾说起这个非常自豪。

　　三位新结识的好朋友就在海浪轻轻的抚慰下甜甜睡去,睡梦里,大龙虾梦见自己又回到了阔别已久的家乡,老家的亲人和朋友们一起出来迎接他,大家都热情

极了——一丝幸福的笑容悄悄挂在了他的脸上。

第二天一早,想学草裙舞的海洋居民挤满了大龙虾家门前宽敞的沙地。翔龙耐心地教大家如何采集水草编织草裙,再编织一个美丽的花环戴在头上。

等大家都打扮好了,翔龙开始教大家舞蹈的动作,龙虾先生学得特别快,为此还得到了表扬。

大家终于都学会了,于是一场快乐的草裙舞会再次在礁石群间举行,欢乐的气氛让吹拂的海风都变得格外热情,不时地翻卷起波浪,发出哗啦哗啦的声响,像是在为舞会伴奏。

第二天,奇奇和翔龙依依不舍地告别了新结识的朋友们。看着他俩越走越远的背影,大龙虾自言自语道:"朋友们,谢谢你们,我也该上路了。"

夏威夷草裙舞

草裙舞,又叫呼拉舞,是夏威夷最具代表性的舞蹈,注重手脚和腰部动作。大家最熟悉的,应该就是跳草裙舞时那草条般的丝状装饰物了。草裙舞的表演形式多种多样,可以一个人跳,也可以一大群人在一起跳,气氛热烈而欢快。如今在夏威夷,跳草裙舞是当地人迎接客人最隆重的仪式之一。

你知道怎样判断龙虾的年龄吗?

我们知道,如果想知道一棵树的年龄,可以测算树木的年轮，这样就可以知道这棵树木生长多少年了。普通的鱼的生长年轮在内耳中；鲨鱼的年龄可以通过脊柱上的生长轮来判断；像扇贝这样的贝壳类生物，可以从其外壳上的年轮中测算出它们的年纪。

龙虾的情况比较特殊，因为它们每年都会蜕壳，一直在生长中。当龙虾蜕壳的时候，它们会丢掉所有长有生长带的钙化身体部分。还有，由于龙虾随着年龄的增长不会丧失生殖能力，也不会出现器官老化的迹象，因此没有人确切知道它们究竟能活多久，一些人猜测它们可以活到100多岁。

长期以来，科学家们总是为龙虾到底生长了多少年而头痛，一般都是根据它们的大小或者体重等指标，做个大概的估计。

最近，有科学家破解了这个难题，实际上龙虾也是有年轮的，就长在它们的眼柄和胃里，只是其位置隐蔽，一直没被人们察觉。

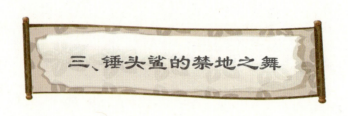

三、锤头鲨的禁地之舞

告别了新朋友们,奇奇和翔龙一路向着西北方向游去,按照地图,他俩需要穿过孟加拉湾,通过南亚次大陆和斯里兰卡之间一道狭窄的海域,再绕过印度大陆最南端的一个尖角,就到了下一站的目的地——古里。

"哈——这儿可真大呀。"眼前的印度洋浩瀚无边,海水清澈透明,一切的景色似乎都很熟悉,让奇奇不由得想起南海美丽的风光。

"龙虾先生是不是已经出发回老家了?"真是不打不相识,因为一场意外,翔龙现在和大龙虾成了非常亲密的朋友,他很关心他们离开后朋友的状况。

"应该是出发了吧。"奇奇说,"龙虾先生离家这么长时间了,早就该回去看看了。"

"嗯——我也这么想。"奇奇的话让翔龙觉得很欣慰。

"糟糕——"刚游了没多远,翔龙忽然大叫起来,把完全没有心理准备的奇奇吓了一大跳。

"翔龙,怎么了?"奇奇有些紧张地问道,他以为翔

龙又发现了什么危险的情况，或者——又把地图弄丢了。

"龙虾先生回去的时候，是不是要经过马六甲海峡呀，你说他会不会遇到那些不讲理的海盗们哪？"翔龙紧张地说。

听翔龙这么一说，奇奇也为龙虾先生担心起来："是呀，要想回到南海，就必须经过马六甲海峡，这样遇到大海蛇、海鳗的可能性就很大。"

"我想，龙虾先生又没有地图，和大英雄郑和也没有关系，那些海盗不会找他的麻烦吧。"为了安慰翔龙，奇奇只好这么说。

"哼——就算他们想找龙虾先生的麻烦，我想龙虾先生也不怕——他身上披着坚硬的铠甲，还有许多厉害的大钳子，如果他们真的不识好歹，龙虾先生一定会狠狠地教训他们的。"翔龙为自己打气，也为好朋友助威。

"对，你说得没错，当年龙虾先生移民到印度洋的时候，肯定就经过那儿了，也许他们早就交过手了呢。"奇奇也分析道。

"是的，肯定是龙虾先生赢了，嘿嘿……"翔龙欣慰地说。

翔龙之所以这么乐观，是因为大龙虾的表现——

他可没有流露出半点对回家路上安全的担心呢。

事情真的像奇奇说的这样吗？

还别说，真的被奇奇说中了。这还是12年前，一个风雨交加的日子，天色晦暗，海面上浪涛汹涌。大龙虾先生孤独地走在背井离乡的路上，阴霾的天气让他原本就郁闷的心情更加悲凉。

"别了，我的故乡，我的亲人、朋友们。"大龙虾先生回望东北的方向，此刻他正站在幽深狭长的马六甲海峡入口处。亲人和朋友们伤的伤残的残，更多的则是被捕鱼人捉去，龙虾先生为了活命，不得不离开生他养他的故乡。

就在大龙虾先生默默伤感的时候，一声粗鲁的断喝在他的耳边响起：

"什么人？快点离开这儿！"

没有准备的龙虾先生吃了一惊，他赶紧朝声音传来的方向看去，只见一条全身布满黑白条纹的大海蛇盘踞在一块礁石上，正高高地扬着脑袋，凶巴巴地瞪着他。

龙虾先生将长触须左右一摆，质问道："怎么，这条路是你家的吗？我为什么要离开这儿？"大海蛇很蛮横，只听他冷笑一声，把长长的身体扭成麻花状，一副轻蔑的表情道："你说对了，这条路就是我的，我让谁离开谁就得离开，我让谁走他才能走。"

这条蛮横的大海蛇就是海蛇帮的帮主,他刚当上帮主不久,正需要在海盗中间树立威信,恰好巡查遇到龙虾先生,于是就想拿龙虾先生显显威风。

"这么宽的路怎么会是你这条赖皮蛇的?我就走,你能把我怎么样!"龙虾先生也不是好欺负的,他全身披着坚硬的花盔甲,身体两侧还长着十条有力的螯钳,也是海洋里响当当的一号人物。龙虾先生一边说一边在海峡的沙地上走来走去,表明他根本没把大海蛇的话当回事。

大海蛇差点把鼻子都气歪了,原本就阴冷的眼神现在变得很凶:身后跟着的一群海盗喽啰都看着呢,大龙虾这么不把自己当一回事,以后还怎么在帮里当老大呀。

"臭虾米,你敢不听本帮主的话?"大海蛇嘶嘶吐着蛇信恫吓道。他想把龙虾先生吓走,这样就不用自己动手了。

谁知龙虾先生根本就没把海蛇放在眼里,只见他潇洒地摆动了几下威风的长触须,满不在乎地说道:"赖皮蛇,你能把我怎么样!"说着,他大摇大摆地沿着海峡径直朝前走去。

见大龙虾根本没把自己放在眼里,狂妄的大海蛇像一根飘动的花带似的,快速地游到海峡的中间,拦住了龙虾先生的去路。

"哼哼——臭虾米，竟然敢不听本帮主的命令，今天就让你变成一只死虾米。"大海蛇高高昂着脑袋，可怕的眼神让人不寒而栗。

"快让开，不然我就不客气了。"龙虾先生也不甘示弱，威武地摆了摆有力的螯钳。

"就不让，再敢向前一步，我就咬死你。"大海蛇恶狠狠地说着，一边张开大嘴，露出了他最厉害的武器——两只弯如刺刀发出闪闪寒光的毒牙。

"哼哼——"龙虾先生根本就不在乎——不要说海蛇的毒牙了，就是更尖利的海胆刺，也扎不穿他坚硬的盔甲。

见大龙虾还在大摇大摆地向前走，大海蛇发动了闪电般的攻击，只见他弯曲的身体忽然像弹簧一样猛地向前弹出，张开的大嘴恶狠狠地向龙虾先生的眼睛咬去。

要说大海蛇也是够狡猾的，他早就看出龙虾先生浑身都披着坚硬的盔甲，没处下嘴，只有两只棒槌眼露在外面，没有盔甲的保护，是最好的攻击目标了。

早有戒备的龙虾先生并不躲闪，就站在原地等着大海蛇闪着寒光的毒牙咬过来。

"这只龙虾真是不知死活，我们帮主的毒牙可厉害了，要是被他咬中了，一条鲸鱼都会被毒死的。"观战的海蛇帮小喽啰见龙虾先生不知道躲闪，小声地嘀咕着。

大海蛇以为龙虾先生被自己的毒牙吓傻了,得势不饶人的他把嘴巴张得更大了,更加凶狠地发动了进攻。

龙虾先生还是很镇定,等到大海蛇那伸着红信的大嘴快要咬到自己的眼睛时,他忽然快如闪电地把眼睛一摆,速度快得谁都没有看清,他露在外面的一对棒槌眼不见了,缩回了隐蔽的眼窝里。

攻击非常精确的大海蛇一下咬空了,用力过猛的他上嘴唇猛地磕到下嘴唇上,锋利的毒牙差点咬到自己,疼得一蹦三尺高。

由于惯性,大海蛇的扁圆脑袋继续朝着龙虾先生的头部撞去。大龙虾用三对足抓紧地面,另外两对螯钳张开在空中,随时等待出击。更奇怪的是他的头部,龙虾先生以45度角抬着头,尖尖的头部好像一根插在地上的标枪,等着倒霉的猎物自己撞上来。

这正是智慧的龙虾先生的计谋,原来在他的头部最前端,有一段坚硬的透明棘刺,呈三角形,像一截枪尖,非常锋利。龙虾先生正是想用自己的这个特殊装甲配备,一下就把狂妄自大的大海蛇扎个透心凉。

不过大海蛇还是有点真本事的,在危急时刻,他爆发出了惊人的力量,猛地甩尾缠住了旁边的一根水草,在快要碰到龙虾先生的"枪尖"的时候,硬生生地把自

己拉住了。

好险哪,要是再往前一点点,大海蛇的脑袋就要被扎穿了。

"哎呀——"观战的海盗喽啰们发出了一阵惊呼声。

龙虾先生见自己精巧的计谋没有得逞,觉得有些可惜,不过他已经占据了上风,只见他乘胜追击,在大海蛇还没有缓过劲来的时候,用四只有力的螯钳夹住了对手长条形的身体。

他先是左右开弓,把大海蛇狠狠地揍了一顿,然后又用一根有力的螯钳夹住对手的尾巴,像扔沙包一样丢了出去。

大海蛇像腾云驾雾般在空中飞行了很远,落地的时候,倒霉的他又恰好一头撞到了一块坚硬的礁石上,撞得他两眼直冒金星,眨眼间脑袋上就鼓起了一个很大的肉包。

"哼——看谁还敢再挡我的路。"龙虾先生威风地一晃有力的螯钳,长触须潇洒地在空中摆来摆去。

见大龙虾这么厉害,观战的海蛇喽啰们吓得一下都缩到了礁石后面,生怕龙虾先生看见他们,也把他们狠狠地揍一顿,然后像丢沙包一样扔出去。

龙虾先生见自己的勇猛把海蛇帮的海盗们都震慑住了,抓紧机会,快速通过了马六甲海峡。他知道对手人多势众,自己只是孤单一人,还是早点离开这个是非之地比较好。

奇奇和翔龙不知道这些事情,所以他俩为新朋友担心也很正常。

翔龙和奇奇一边走一边议论龙虾先生回南海老家的事,不知不觉已经进入了一个极其危险的区域,可是他俩还丝毫没有察觉呢。

游着游着,细心的奇奇忽然觉得好像有些不对劲儿,可是到底哪里不对劲儿,他又说不出来。

"翔龙——"奇奇放慢了游动的速度,轻声叫身边的伙伴。

"嗯——什么事呀?"翔龙正兴冲冲地往前游,听奇奇叫他,随口答应了一声,连头都没有回。

"翔龙……你没有觉得这个地方有些奇怪吗?"奇奇觉得也许是自己多心了,所以说的时候有些犹豫。

"奇怪什么?"翔龙终于停住了脚步,不解地回头问道。

"我……我也说不好,就是……就是觉得这里有些不对劲儿。"

"哪里不对劲儿?"

"不知道。"奇奇老实地回答,边说边朝四周仔细观察了一下,四下一片安静,海水清亮,地面平坦,实在没有什么地方能说不对劲的。

"快走吧,前边的路还长着呢。肯定是刚才说到大海蛇,你害怕了。"翔龙说。

"也……也许是吧,可是我还是觉得这里有些古怪。"奇奇说。

见奇奇这么坚持,翔龙也认真起来,因为他知道奇奇的直觉有时候还是挺准的。

"咦——"四下张望的翔龙忽然惊讶地叫了一声。

"怎么了,翔龙?你发现了什么?"奇奇神经高度紧张,被翔龙忽然的一声惊叫吓了一大跳。

"奇怪,这么美丽安静的地方怎么没有其他的海洋居民哪?"翔龙一脸不解地说道。

听翔龙这么说,奇奇又下意识地朝周围打量了一番,确实,本来这样美丽的地方,应该是众多海洋居民,比如各种热带鱼、海葵、海蟹们快乐生活的地方,可是现在到处一片安静,连一个海洋居民的身影都没有看到。

"安静!"

这个词忽然涌上奇奇的心头,他终于明白自己总觉得这里不对劲的原因了。

"翔龙,你没觉得这里太安静了吗?"他小声地对翔龙说道。

被奇奇这么一提醒,翔龙也觉得这里有些古怪,确实是太安静了。

"也许……也许是附近有热闹的活动,大家都出门去玩了吧。"翔龙安慰道。

奇奇想想也是,也许真的像翔龙说的,因为刚才提到了邪恶的大海蛇,自己有些草木皆兵了。

他俩继续小心翼翼地向前游,游了好一段距离,什么意外都没有发生,紧张的心情才放松了下来。

"嘿嘿,看来真的是我太敏感了。"奇奇不好意思地笑着说。

因为紧张,他俩一路光顾着看海底的情况了,翔龙无意中一抬头,吓了一大跳,只见在他俩的脑袋上方,幽蓝的海水之中,无数个巨大的身影在悠闲地游

来游去，好像是在参加一个热闹的舞会派对。他们的脑袋两边各长着一个锤形的鼓包，看起来很像清朝宫女们的发髻。

斯里兰卡的郑和碑

斯里兰卡是印度洋上的一个岛国，与印度的最南端隔海相望。在古代，斯里兰卡被称为锡兰，郑和的船队在到达印度之前，曾数次到访过古锡兰国，并且在当地还竖立起布施锡兰山佛寺碑（简称郑和碑），现存于斯里兰卡科伦坡博物馆。

郑和的船队去过次数最多的地方是哪里？

古里，现在称为卡利卡特，是印度南部喀拉拉邦的

第三大城市，为科泽科德区的首府。在郑和第一次下西洋的时候，当时的古里国就是他的最终目的地，而且前三次下西洋，都是到达古里就返航。

古里不仅是郑和的船队去过次数最多的地方——七次下西洋都到访，而且是郑和最后一次下西洋返航的时候病逝的地方，可以说是他永远长眠的异国故土。

古里是东南亚到阿拉伯半岛、非洲东海岸之间的一个中转站，郑和的船队把古里作为补充淡水和食物的补给地以及继续西进的基地。

1405年，郑和第一次下西洋就来到古里，他的船队带来了大量精美的瓷器和丝绸，古里的国王也派出重要的大臣和他们见面，大家对面议价，击掌定价，书写合约，公平交易。

郑和的这次访问受到古里人民的热情欢迎，为了纪念这次航行，双方商议，在该国建造了一座碑亭，以作纪念。碑文上书："其国去中国十万余里，民物咸若，熙皡同风，刻石于兹，永昭万世。"这是郑和在国外最早建立的纪念碑。

四、海边忧伤的小男孩

"奇奇,快看。"翔龙压低声音和身边的奇奇说道。

"看什么?"奇奇问。

"看头顶。"翔龙很紧张地回答。

奇奇看向头顶,只见无数个巨大的阴影在他俩上方的海水中有秩序地游来游去,像是在进行集体活动。

"他们是谁?"因为阳光穿过清澈的海水透射下来,猛然抬头的奇奇被不断闪烁的波光晃花了眼,看不清在头顶游动的到底是什么。

"是鲨鱼。"翔龙小声答道。从之前和牛鲨打交道的经验来判断,他们应该是一种长相奇特的鲨鱼。

翔龙判断得没错,他们确实是一种鲨鱼,名字叫锤头鲨,也叫双髻鲨。

锤头鲨有个很特别的习性,就是喜欢一大群聚集在一起活动,在离海面大约几十米的地方游来游去,看起来就像在参加一场集体舞会。

他们非常凶猛,是很多弱小海洋居民的天生杀手。一旦进入他们的地盘,就如同小羊闯入了狼群之中,

是极其危险的。

如果奇奇和翔龙听见了海蛇帮帮主大海蛇在他俩逃走之前说的话,他俩就会明白了,这里就是大海蛇提到的锤头鲨的死亡禁地,他们跳的这种奇特的集体舞蹈,就是"死亡之舞"。

"翔龙,我们快点离开这儿吧,我害怕。"奇奇低声说道。

"嗯,我们走,奇奇,小声点儿。"翔龙当然也非常害怕,他怕奇奇划水发出的声音太大,惊动了旁若无人游动的锤头鲨,机警地提醒道。

两个好朋友提心吊胆地向大群锤头鲨的边缘游去，想神不知鬼不觉地早点离开死亡禁地，可是锤头鲨实在太多了，他们占据了非常大的一片海域，翔龙和奇奇游了好一会儿，还没有走出死亡禁地的危险区域。

"翔龙，我怕。"偷眼看着在头顶游来游去的巨无霸锤头鲨，奇奇觉得平时最灵活有力的尾巴都僵硬了——他快要被吓哭了。

"奇奇，别怕，有我呢。"翔龙安慰奇奇道。

虽然他俩加着万分的小心贴着海底前进，可还是被一条眼尖的锤头鲨发现了。

一条头特别大的锤头鲨无意中一低头，发现了奇奇和翔龙。

"嘿嘿，两个小家伙，你们从哪里来？要到哪里去呀？"大头锤头鲨一摆剪刀形的尾巴，像一艘灰色潜艇一样拦在了翔龙和奇奇前进的水路上。

翔龙和奇奇正在屏气凝神地向前游，耳畔忽然响起的招呼声把他俩都吓了一大跳，等他俩一抬头，正好看见鲨鱼那标志性的三角形嘴巴和死鱼般的眼睛，心里同时都咯噔了一下——坏了，被发现了。

"我们只是路过，现在就离开。"翔龙不愿多说，想早点和奇奇离开这个极其危险的地方。

可是大头锤头鲨并没有让路放他俩走的意思，只见他慢悠悠地摆着大尾巴绕着他俩游了一圈,把怪模怪样的大脑袋凑到奇奇身边问道:"小怪鱼,你叫什么名字呀,怎么从来没有见过你?"

大头锤头鲨离奇奇非常近,奇奇不仅可以清楚地看见对方死鱼般的眼睛,还可以感受到他呼吸激起的水流,凉飕飕地抚到自己的脸颊上,麻酥酥的。

"我……我是中华鲟,我的名字叫奇奇。"路被对方挡住了,奇奇不得不硬着头皮回答。

"嘿嘿,中华鲟,从来没有听说过,肯定是从很远的地方来的。"大头锤头鲨一边说,一边习惯性地咽了一下口水。

"好了,问题回答完了,我们得走了——我们还有急事呢。"多待一秒钟就多一分危险,翔龙不由分说,拉着奇奇就想夺路而逃。

"嘿嘿,两个小家伙,何必这么着急呢,再多聊一会儿吧,聊天多有意思呀。"大头锤头鲨一摆强劲有力的大尾巴,在他的身后卷起一团快速旋转的漩涡,推着他如一道灰色闪电,拦住了翔龙和奇奇的去路。

"我们还有事,没空聊天。"翔龙不想再多纠缠,他一口回绝了对方的要求。

"小海龟,嘿嘿,你长得胖乎乎的,肉好像很多呀。"大头锤头鲨根本不理会翔龙的态度,他把兴趣又转到了天生长得胖嘟嘟的可爱的翔龙身上。

翔龙一听就觉得要坏事：这个大头鲨鱼说话越来越不怀好意了，自己得想办法和奇奇尽快离开这里，不然等到其他的鲨鱼也围过来，自己和奇奇就无路可逃了。

可是用什么办法才能摆脱这条大头鲨鱼呢？翔龙的大脑快速运转，想着主意。

就在翔龙全力想着脱身之计的时候，大头锤头鲨咧着满是锋利牙齿的三角形嘴巴紧盯着他俩，那模样好像是在笑，还不时偷偷吞着口水。

翔龙和奇奇的运气真是不错，这时远处的海水中一片巨大的阴影掠过，像一片飘浮在空中的乌云，那是一条体形庞大的魔鬼鱼，俗称蝠鲼，他的忽然出现，拯救了处于危险之中的翔龙和奇奇。

"咦——奇奇，快看，那是什么呀？"魔鬼鱼的出现，给了翔龙灵感，他故意把两只眼睛瞪得大大的，尽力做出一副超级吃惊的表情，好像看见了天底下最稀奇的东西。

奇奇的注意力因为都在脑袋顶上那些幽灵般来回游动的锤头鲨身上，没有看到远处魔鬼鱼的身影，他有点困惑地说道："看什么呀？"见奇奇没有领会自己的意图，翔龙有些着急，他又是挤眼又是努嘴，给迷

海上丝绸之路大冒险

锤头鲨

糊的奇奇暗示。

奇奇终于看见了远处魔鬼鱼乌云般巨大的身影,也明白了翔龙声东击西的计谋。这会儿魔鬼鱼正扇动着两只大鸟翅膀一样的鱼鳍,优雅地在海水中游动呢。

"呀——真的,好奇怪呀,是什么呢?"奇奇又是瞪眼又是张嘴,表演得比翔龙还夸张。

大头锤头鲨本来不想理会,他已经逐渐起了坏心,只是到底动手抓从没有见过的小怪鱼,还是肉多更肥美的小海龟,他还没有拿定主意。

翔龙和奇奇的表演太逼真了,大头锤头鲨最后还是没有抵挡住诱惑,就

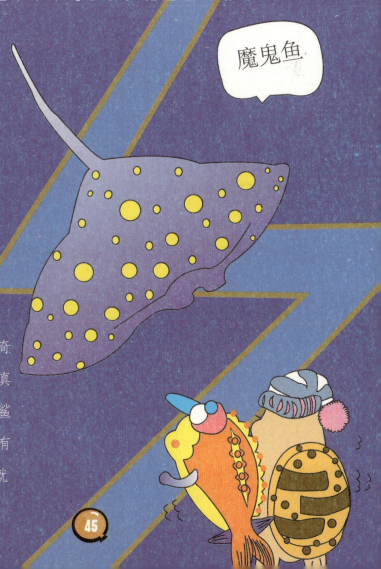

魔鬼鱼

在他转身观看的时候，翔龙给奇奇递了个眼色，奇奇会意，两个好朋友像离弦之箭一般，擦着大头锤头鲨的左侧向前方全力游去。

"哈——好肥的一条大鱼啊。"大头锤头鲨一眼就看见了远处的魔鬼鱼，立刻被吸引住了。

等他明白过来，一回身发现刚才还在眼前的小怪鱼和小海龟不见了，立刻四下寻找翔龙和奇奇，可是他俩好像两支射出去的箭，已经游出去了很远，想追赶已经来不及了。

"两个狡猾的小坏蛋，下次再让我遇到，看我不把你们撕成碎片。"大头锤头鲨咬牙切齿地叫道。

听着身后远处传来的对手气急败坏的喊叫声，奇奇和翔龙知道他俩已经成功逃离了危机四伏的锤头鲨的死亡禁地，他俩互相对视了一眼，眼神里都是对同伴勇敢的赞扬。

接下来的旅途都比较顺利，他们先是安全游过了孟加拉湾，又平安穿过了印度大陆和斯里兰卡间狭窄的海路，接着绕过印度国土最南端的一个尖尖的拐角，下一个目的地——印度的古里就在前方了。

"哈——真期待啊，不知道古里会是怎样一个美丽的地方呢。"翔龙一边查看郑和下西洋的地图，一边憧憬道。

中国渔网和丰悟的魔瓶

"只要不是像在占城遇到的那样就行。"奇奇可没有翔龙那么乐观,他一想到和翔龙在越南占城港遇到当地渔民们的围捕就心有余悸。

"哈哈,我想不会的,"翔龙说,"大英雄郑和七次到达这里,如果不是一个好地方,我想他是不会来这么多次的。"

"是啊,真的很美呀,还很安静,也没有讨厌的捕鱼人。"奇奇也很满意,还顺带吐槽了一下在占城港的遭遇。

在游到一处安静的海湾时,在前边领路的翔龙忽然停止了前进。

"怎么了翔龙,怎么不走了?"奇奇有些奇怪地问道。

"看那里。"翔龙在水面上探出半个脑袋,让奇奇看岸上。

"看什么呀?"奇奇不明白翔龙的意思,岸上有什么好看的,他刚才已经观察过了,这段海岸沿岸都是一些大大小小的礁石,连一棵绿色的椰子树都没有。

"那边,那块大石头上有个小男孩,他的样子可真奇怪。"

顺着翔龙的指引,奇奇看向左前方十多米外一块黑乎乎的大礁石,礁石呈鸟嘴形,宽大的底部深扎在

海上丝绸之路大冒险

岸边的沙土里,弯弯的鸟嘴悬空伸在水面上方,在礁石的上面,坐着一个印度小男孩。

小男孩只有十多岁,长相和打扮都有标准的印度民族特征:健康的棕色皮肤,黑黑的大眼睛,高高的鼻梁,身上穿着一件有些旧了的白色过膝长袍。

小男孩的表情很奇怪,他微微仰着脸,面无表情地看着远方苍茫的大海,亮晶晶的眼睛里满是难以言说的忧伤。

"他好像很不开心。"善解人意的奇奇说道。

"是的,他很不开心,可是他为什么这么忧伤呢?"翔龙现在可开心了——周围到处都是灿烂的阳光、清

亮的海水,世界多美好哇!为什么不快乐呢?他不明白礁石上的男孩为什么愁容满面。

　　如果翔龙知道在海岸边一处渔村的一座小房子里发生的事情,他就会明白小男孩不快乐的原因了。

潟湖

　　潟湖(xì hú)是被沙嘴、沙坝或珊瑚礁分割而与外海相分离的局部海水水域。当波浪向海岸运动,泥沙平行于海岸堆积,形成高出海平面的离岸坝,坝体将海水分割,内侧便形成半封闭或封闭式的潟湖。在潮流作用下,可以冲开堤坝,形成潮汐通道。潮流带入潟湖的泥沙,在通道口内侧常形成潮汐三角洲。

奇奇海洋知识千千问

锤头鲨的怪模样有什么特别的用处？

锤头鲨，也称双髻鲨，以其头部的形状而得名，它们的头部有左右两个突起，每个突起上各有一只眼睛和一个鼻孔，两只眼睛相距一米远。

一直以来，科学家们对锤头鲨为什么会长这样一个外形奇特的脑袋，感觉很困惑。虽然有一种理论认为，两只眼睛分列在宽宽的"锤头"两侧，有助于提高锤头鲨的视野，但是科学家对于这种观点还是有许多争议，认为这种奇特的头型到底是有助于改善视野，还是不利于观察外界，还不能得出最后的结论。

从鲨鱼家族的进化史来说，锤头鲨只能算是鲨鱼家族的新成员，大约在距今5000万年前，才进化出今天大家看到的锤子状的奇异头部形状。我们知道，每个物种进化出某种特别的器官，总是有其用处的，而对于锤头鲨来说，它们所有的进化都是为了更高效地捕食猎物，所以科学家们一度认为，锤头鲨这种视嗅觉感应器相距更远的进化，或许有助于它们更为精确地找到离其更远处的猎物。

最近的一项研究证实，锤头鲨的眼睛分布对它观察周围的情况非常有利，它可以通过来回摇动脑袋，观察到周围360度范围内发生的情况。两个远远分开的鼻孔，也更容易辨别气味。

锤头鲨有一个特别的习性——喜欢聚集在一起活动。曾经有一位摄影师在加拉帕戈斯群岛的水下，拍摄到上千只锤头鲨一起同游的震撼景象。

五、中国渔网和奇怪的朋友

在离海岸一里多路的地方,有个小小的渔村。村子里的房子都是用石头垒成的,显得低矮又破旧。

在这些石头房子的最西边,是一座更加低矮、破旧的石头房子,这就是小男孩的家了。

几个小时前,小小的石屋里挤着四个人——一个一脸病容的中年男人躺在靠着石壁的床上,他的旁边站着一个满面愁容的中年女人,一个身穿长袍的老头正坐在屋子里唯一的一把木椅上冥想,还有一个小男孩,站在老头的旁边。

屋子里的小男孩就是翔龙和奇奇在海边礁石上看见的那个忧伤的小男孩,躺在床上的中年男人是他的爸爸,旁边的中年女人是他的妈妈,而那个冥想的老头则是渔村里唯一的一位医生。

小男孩叫辛格,他的爸爸前几天忽然得了一种奇怪的病——脖子上忽然长了一个很硬的结块。开始结块很小,只有一块,可是后来结块越来越多,蔓延到了腋下和胸部,并且伴有断断续续的发烧。

疾病让辛格的爸爸非常痛苦,他躺在床上不停地

中国渔网和辛格的鱼瓶

喘着粗气,神智一时清醒一时迷糊,每一次沉重的呼吸或者轻微的咳嗽,都会扯动脖颈处的结块,带来一阵剧烈的疼痛。

辛格的爸爸是家里主要的劳动力,不管刮风下雨,每天都会在海边捕鱼捞虾,维持全家人的生活。他忽然病倒,好几天都没能到海边捕捞了,本就贫穷的家境更是雪上加霜,眼看积存的食物已经不多了。

没办法,没有钱去医院的辛格妈妈只好请来村子里唯一的一位医生,小渔村里只要有人生了病,多半都是请他来看的。

医生是个六七十岁的老头,他来到辛格爸爸的病床前,先是弯腰低头看了看他脖颈处密密麻麻好像葡萄串似的硬块,又伸手按了按,他这个有些莽撞的动作立刻引起辛格爸爸一阵痛苦的呻吟。

医生赶紧收回了手,好像是被吓了一跳,他翻着白眼看着石头屋顶,像是在思考医治的办法。

在医生做这些事情的时候,辛格和妈妈神情紧张地盯着他的一举一动,呼吸都有意识地轻微了一些,好像怕打扰了他治病。

仰头考虑了一会儿,莫罕医生转身到屋子里唯一的一把椅子上坐了下来,依然没有说话。

"莫罕大爷,辛格的爸爸得的是什么病啊?"辛格

的妈妈忍不住开口问道,急切地想知道丈夫到底得了什么病,能不能治好,要知道,他可是他们母子活下去的希望啊。

"嗯——你的丈夫得的是一种很奇怪的病。"莫罕医生说道。

"莫罕大爷,那能治好吗?"辛格妈妈一听丈夫得的是怪病,脸都吓白了,她追问道,神色憔悴的脸上,一双布满血丝的眼睛盯着医生,生怕他说出那最可怕的字眼来。

"唔——我得好好想想。"莫罕医生说。他刚才通过

中国渔网和辛格的鱼瓶

观察初步判断,辛格的爸爸得的是一种类似淋巴结核的病,可是他现在没有治疗的办法,得回家翻看医书才知道。

"莫罕爷爷,那我的爸爸会好起来吧?"辛格也关心地问道。

"孩子,我说过,我得好好想想。好啦,不要打扰我了,我要开始冥想了。"莫罕医生一脸严肃地说道。

辛格和妈妈一听,都安静地站在一边,看着他慢慢闭上眼睛冥想。

莫罕医生冥想了一会,慢慢睁开眼睛说:"这里太吵闹了,病人沉重的呼吸让我无法静下心来,我需要回去安静地冥想。"说完就走了。

辛格的妈妈站在门口双手合十弯腰朝老头的背影鞠躬表示感谢,脸上充满了期待。

莫罕医生走后,辛格妈妈回到屋里,看着躺在床上忍受着病痛的丈夫,满面愁容,不知道该怎么办才好。

看看脸色憔悴的妈妈,再看看躺在病床上不时痛苦地呻吟的爸爸,辛格走出家门,来到海边,坐在那块鹦鹉嘴礁石上为爸爸的病发愁。

这就是翔龙和奇奇看见辛格坐在礁石上满脸忧伤的原由。

当然,奇奇和翔龙可不会知道这些,他俩在水面附近偷偷看着辛格,原本愉快的心情也跟着灰暗起来。

辛格在礁石上坐了很久,海风不断吹拂着他乌黑的头发。他偶尔会百无聊赖地捡起脚边一块小小的石子,扔向大海,发出很轻微的"嘡"的一声,然后一切归于沉寂,耳边只有海浪不断拍击礁石发出的有节奏的哗啦哗啦声。

"真可怜,真希望他能快点开心起来。"善良的奇奇小声地对翔龙说道。

"我想也许他是遇到什么难题了。"翔龙皱着眉头分析道。

"要是我们能够帮助他就好了。"奇奇很热心地说。

"我们又不知道他遇到了什么难题,怎么帮助他呢?"

奇奇一听也是,他俩都不认识小男孩,当然更不会知道他遇到了什么烦心事。

他俩在水面下小声议论的时候,天色渐渐暗淡了下来,夜幕即将降临。辛格抬头看了看西边快要沉入海水中的太阳,他站了起来,用手随便理了一下被海风吹得乱糟糟的头发,向家的方向跑去。

"奇奇,我们也得找个晚上住的地方了。"看小男孩走了,翔龙才注意到一天时光的流逝,他扭头对奇奇说道。

"好的。"奇奇脆生生地答道。说这话的时候,奇奇心想,要是在这里再遇到像龙虾先生这样的当地居民,那晚上就有意思了,可以开场热闹的月光舞会了。

哈哈,看来奇奇是喜欢上翔龙跳的草裙舞了,他现在眼前还经常浮现翔龙那优美婀娜的舞姿呢。

古里海岸线的水底有许多礁石,里面孔洞遍布,翔龙和奇奇没费太大的功夫就找到了一个很舒适的洞穴,大小正合适,看起来也很安全,他俩决定晚上就在这里过夜了。

"翔龙,我们明天干什么呀?"奇奇觉得,古里沿岸的风景好像也看得差不多了,也该继续沿着大英雄郑和下西洋的路线前进了。

"奇奇,你不觉得今天礁石上的那个小男孩很奇怪吗?"翔龙没有直接回答奇奇的问话,而是反问了另外一个问题。

"是挺奇怪的。"奇奇没有明白翔龙忽然这么问的意思,他睁着乌溜溜的大眼睛看着好朋友。

"我们明天再到那块礁石那儿去,看他还在不在。"翔龙对小男孩辛格很感兴趣,他很想弄清辛格一脸忧伤的原因。

"好哇。"奇奇立刻答应了,他对小男孩辛格也充满了好奇。

古里海边的夜晚很宁静,不知什么时候,海风减弱了许多,它轻柔地驱赶着海浪,轻轻拍打着岸边的礁石和沙滩,发出轻微的哗啦哗啦的响声,像一首节奏舒缓的小夜曲。

一轮又大又圆的明月高挂在天边,皎洁的月光洒在海面上,被连绵不断的海浪搅碎了,整个海面波光粼粼的,像撒了一地的碎银。

看着天上的大圆月,翔龙又想起了好朋友龙虾先生,他现在走到了哪里?回家的路还顺利吗?

看着翔龙的表情,和好伙伴越来越心有灵犀的奇奇就知道他在想什么,"龙虾先生肯定会一切顺利的。"他安慰道。

"嗯——我想也是。"翔龙很感激奇奇的善解人意。

旅途的疲劳和耳边悦耳动听的海浪小夜曲,让奇奇和翔龙不知不觉都沉沉睡去。醒来的时候,海面又被火红的太阳撒满了碎金子——又是一个阳光明媚的大晴天。

"奇奇,我们快点出发吧。"翔龙想起昨晚的计划,赶紧催促道。

"好嘞。"经过一晚的休整,奇奇又充满了活力。

两个好朋友急匆匆地赶到昨天的那块鹦鹉嘴礁石

中国渔网和幸格的魔瓶

边,抬头一看,小男孩辛格并不在那里,这让他俩都有些失望。

"我们是不是来早了?"翔龙分析道。

"他今天不会不来了吧?"奇奇说。

"我们耐心等等吧。"翔龙说。

两个好朋友守在礁石的旁边等待,可是太阳都快要升到头顶了,礁石上依然没有出现小男孩辛格的身影。

"要不,我们沿着海边找找吧。"最后翔龙无奈地说道。

"好吧,也只好这样了。"有些失望的奇奇无精打采地回答道。

两个好朋友抱着最后一丝希望,顺着海岸线一路寻找,可是岸边除了偶尔出现的一两个游客外,再无其他的身影,这让他俩更加失望。

这时前边出现了一个很大的海湾,海湾里风平浪静的,如果这里还没有小男孩辛格的身影,估计翔龙和奇奇就要彻底失望了。

"奇奇快看,那些是什么?"刚进入海湾,翔龙就发现了一些很特别的东西,不由得惊讶地叫道。

奇奇定睛瞧去,也不由得惊叫道:"咦——这些是什么呀?"

让翔龙和奇奇感到惊讶的，是一些沿海岸矗立的奇形怪状的东西，从前端的网兜似的大网来看，应该是当地人捕鱼用的渔网之类的装置。

可是这些渔网实在很奇怪，它们和翔龙、奇奇之前在越南占城港遭遇到的渔网完全不同。只见在海滩上，每隔一段距离就固定着一个木架子，木架子的表面经过风吹日晒雨淋，颜色都已经很晦暗，显然使用了很长的时间。在木架子的上面，斜伸着一个长长的木棍，木棍的顶端，就是那张造型奇特的大渔网。渔网的边缘是被等距离绑在四根细木棍的一端上的，四根木棍的另一端收拢在一起，再捆绑在伸向海面的长木棍上。使用的时候，捕鱼人用力压住长木棍的另一端，控制渔网的放下和升起。渔民们通常把渔网放入水中，过一段时间再来起网。

这些设计巧妙的渔网在当地有个特别的名字：中国渔网。据说这种捕鱼方式是从中国由郑和及他的船队传播到印度的。

海滩上很安静，渔网多数都浸没在海水中，显然它们的主人还没有来起网。有几张破旧的渔网高悬在海面上方，也许是需要进行修补。对于这些大渔网，心有余悸的翔龙和奇奇都离得远远的，他俩可不想被人当成餐桌上的美味。

就在这时,一直注视着岸上的奇奇忽然叫道:"翔龙,昨天那个小男孩来了。"

翔龙听了,激动地看向海滩,果然,一个小小的身影出现在安静的海湾里,正是昨天坐在礁石上发呆的辛格。

"他到这儿来干什么?"翔龙不解地问道。

"不知道。"奇奇老实地摇头。

在他俩议论的时候,辛格来到了海湾里最西边的一张渔网前,用力按压捆绑在木架子上的长木棍,想把渔网从海水中升起来——原来他是到自家的渔网前来捕鱼的。

"我们过去看看。"翔龙说道。

两个小伙伴一起向着辛格家的渔网游去。

他们游到离渔网还有段距离的一块礁石边停了下来,朝岸边张望,这时辛格还在用尽全身力气想把长木棍压下去。可是他的力气太小了,虽然把整个身体都压在了长木棍的一端,可是海水中沉重的渔网只抬升了一点点,渔网中稀稀拉拉几条热带鱼依然悠然自得地游动着,根本没有意识到渔网的任何变化。

就在翔龙和奇奇观望着辛格的举动时,又来了一条长相和行为都很奇怪的鱼,他好像并不害怕大渔网,竟然径直游到了渔网的前边,在水面下静静地看着岸上还在努力的辛格。

印度人的服装

印度人的服装非常具有民族特色。一般女性最喜欢穿纱丽,这是一种类似于大披肩的服装,有的长5~8米,可以从头裹到脚。印度男子在比较正式的场合,会穿一种叫"尼赫鲁服"的民族服装。这种服装有点类似于中国的中山服,只是上身长一些,扣子也多出几排。

奇奇海洋知识千千问

中国渔网真的是郑和传到印度的吗？

现在如果在印度西南部的海边旅行，如古里（今卡利卡特）、柯枝（今科钦），我们经常会看到渔民们在用一种形状奇特的渔网捕鱼，如果你询问这种渔网的名称，一定会特别惊讶，因为这种渔网在当地竟然叫中国渔网。

既然叫中国渔网，那么必然和中国有着某种联系，实际上这种渔网就是从中国传播过去的。

既然是从中国传播过去的，必然有把这种特别的渔网传播到印度这几个地方的人，那么到底是谁传播过去的呢？现在基本的观点认为是郑和下西洋的时候，船上的水手中有曾经在中国是渔民的，把家乡的这种特殊的捕鱼方式带到了印度。

现在中国渔网在印度的一些地方已经成了当地的旅游标志，比如科钦。在当地一直有一个传说，据说郑和的船队来到科钦后，把这种捕鱼方法传授给了当地人，故称为"中国渔网"。这种捕鱼方法是用四根木棍的一端绷住渔网，再沉入水中，四根木棍的另一端收拢

起来，然后用长棍固定在木架上。渔民们用杠杆原理来放网和收网。

　　中国渔网是勤劳聪明的中国古代人民发明的一种高效的捕鱼工具，现在，在中国南方的许多水乡依然可以见到。

六、圆点鲀的故事

"他是谁啊?长得可真奇怪,不过挺好看的。"奇奇看着突然到来的奇怪拜访者说道。

翔龙虽然总是吹嘘自己是资深的航海探险家,见识也比奇奇多一些,可是他也不认识这个长相奇怪的来访者。

只见这位奇怪的大胆访客个头不大,身体竟然是方形的,如果去掉他小巧的尾巴,简直就像一个方形的盒子。在方形小鱼的身上,布满许多规则又好看的小圆点,让他看起来特别活泼俏皮,很像一个卡通海洋小精灵。

他俩说话的时候,辛格一直在海滩上努力着,可是最终还是没法升起沉重的渔网,精疲力竭的他不得不坐在沙滩上休息一下,重新积聚力量再次开始。

渔网前的方形小鱼一直很执着,辛格坐在沙地上休息的时候,他就安静地悬停在海水中,看着岸上的辛格。

过了一会,辛格休息好了,他站起身来准备再次尝试。不过这次聪明的辛格在休息的时候,想到了一个好办法:他先从海滩上找来一块大石头,然后用绳子把大石头绑起来吊在长木棍上,这时他再把全身的力量都压在上面,果然沉重的渔网逐渐脱离了水面,被悬吊在了海面上。

终于成功了,辛格兴奋地欢呼了一声,他赶紧把长木棍的末端插入地面一个起固定作用的孔眼里,这样渔网就不会自动滑落了。

辛格爬上木架子,沿着一条窄窄的木板来到渔网前,渔网里只有不多的几条小鱼在惊恐地不停跳跃着。收获虽然并不丰盛,不过辛格似乎很满意,他伸手把几条拼命挣扎的小鱼捉入随身带来的一个小鱼篓里,脸上绽放着辛勤劳动后收获的喜悦——用这几条小鱼,起码也可以给妈妈做碗美味的鱼汤喝了。

自从爸爸病倒以后,辛格的妈妈担惊受怕,脸上布满了愁云,再加上照顾病人日夜操劳,憔悴了许多。爸爸是家里的支柱,现在却病得越来越严重。懂事的辛格决定用自己小小的肩膀分担一些家里的生活重担,于是一大早就偷偷来到海边,像爸爸曾经每天做的那样,用家里唯一的一张中国渔网捕鱼,养活一家人。

捉完了渔网里的鱼,辛格回到海滩上,他慢慢地把长木棍从孔眼里拔出来,然后像猴子一样吊在上面,把渔网又缓缓沉入海水中,等着下一次收获。

做完了这一切,辛格又坐在了沙地上,看着苍茫的海面发呆:"不知道莫罕爷爷是否想到了给爸爸治病的办法。"

辛格就这样胡思乱想着,心里一会儿觉得充满了希望,阳光灿烂,一会儿又被不知从哪里冒出的恐惧占据着,乌云密布。

辛格在沙滩上发呆的时候,那条行为奇怪的方形小鱼就一直在渔网前停着,偶尔摆动小尾巴稍微挪动一下位置,目光一直认真地注视着岸上的辛格。

"嘻嘻,他俩可真有意思,一个看着大海发呆,一个看着岸上的人发呆。"奇奇说。

"我想这里面一定有一段非常精彩的故事。"翔龙推理道。

"那我们上去问问吧。"奇奇也很好奇,他提议道。

他俩悄悄从藏身的礁石后面游了出来,向着方形小鱼游去。

方形小鱼一直全神贯注地注视着岸上的小男孩辛格,根本没有意识到悄悄向他靠近的奇奇和翔龙。

奇奇和翔龙来到方形小鱼的身后,对方完全没有反应,不得已翔龙大声咳嗽了一声,想引起对方的注意,然后和他打声招呼。

"嗯哼——请问……"可能是翔龙的咳嗽声太大了,吓到了对方,他的话还没有说完,只见方形小鱼猛然回头,一见两个庞大的身影在自己的后边,胆小的他也没顾上看清到底是什么,猛烈地摆动着鱼鳍和小尾巴,以最快的速度向深海里逃去。

方形小鱼的反应很正常,他的个头只有一个大鸭梨大小,而翔龙和奇奇的体形比他大多了,在危机四伏的海洋里,身后忽然出现这样两个大块头,谁都会先逃命要紧啊。

可是心地善良的奇奇和翔龙觉得很奇怪,他们只是想来和方形小鱼问问情况而已,怎么一看见他俩,他就仓皇逃跑了呢。

"哎——你别跑哇。"翔龙一见对方逃跑了,赶紧跟了上去,奇奇也紧随其后。

他俩这么一追,方形小鱼更加误会了,以为他们是凶猛的捕食者,要来吃自己,于是加快了速度,向着一片礁石林立、水草茂盛的海域游去。

"哎——不要跑。"奇奇也帮着喊话,可是他一着急,喊得不清不楚的,让人听着就感觉不怀好意。

果然方形小鱼也这么认为,他吓坏了,使劲儿地扇动小小的鱼鳍,摆动着小尾巴,拼命地逃跑。

就这样,前面一个小小的身影拼命逃跑,后面两个大大的身影紧追不舍,很快三个身影都从小男孩辛格的渔网前不见了,消失在大海深处。

可是辛格始终沉浸在他自己的世界里,一会儿想到躺在病床上的爸爸,一会儿脑海里又浮现出病床前妈妈布满愁云的憔悴脸庞,一会儿又转到充满了神秘色彩的莫罕爷爷身上,他根本没有注意到自家渔网前发生的这一幕。

紧追不舍的翔龙和奇奇把方形小鱼吓坏了,这时他已经游到了布满礁石的水草区,惊慌失措的他想都没想便一头扎了进去,很快小小的身影就消失在了茂盛的海草丛里。

"翔龙,现在怎么办?"追过来的奇奇一看方形小鱼钻入海草丛中就不见了,他在茂盛的水草丛前来回游动了几下,问身边的翔龙。

"哼——既然已经追到这里了,我今天一定要找到他问清情况。"翔龙下定了决心。

话虽然这么说,不过翔龙打量了一下眼前的地形,只见面前是一大片礁石区,礁石高高低低地错落分布着,再加上杂生在其间的茂盛水草,这么错综复杂的地形,要想找到体形娇小的方形小鱼,还真不是件容易的事。

"翔龙,只怕不好找呢。"奇奇说。

"哼——我就不信找不到他。"翔龙不服气地说。

话刚说完,他就一头钻进了面前的一大片海草里,本来还想和他商议一下的奇奇也不得不跟了进去,免得自己一会儿连翔龙都找不到了。

"方盒子小鱼,快出来,我一定要找到你。"翔龙在茂盛的海草丛里乱撞,把一片原本很安静的海底绿草地搅得乌烟瘴气。

"哎——翔龙,等等我。"翔龙游得太快了,奇奇在后面一边追一边喊。

"奇奇,你快点啊。"翔龙连头都没回,大声催促道。

听到翔龙嚷嚷,胆小的方形小鱼觉得自己躲藏的这丛茂盛的海草还不够安全,他悄无声息地转身,准备到一片礁石群里去寻找一个隐蔽的洞穴,把自己隐藏起来。

"哈——方盒子小鱼,我看见你了,快出来吧。"连着翻找了好几个海草丛,都没有发现方形小鱼的身影,聪明的翔龙转了转眼珠,使出了很厉害的一招——诈术,准备把方形小鱼骗出来。

匆忙追赶上来的奇奇正好听见了翔龙的这句话,他好奇地向四周张望了一下,想看看方形小怪鱼躲在什么地方,可是四周除了黑乎乎的礁石,就是绿油油的海草，根本没有小怪鱼的身影。

"翔龙，他躲在哪里呢？"奇奇不解地问道。

"嘘——"翔龙赶紧做了一个手势，让奇奇说话小点儿声，他游到奇奇身边，压低嗓门道，"我也没看见，我这是在诈他，让他自己出来呢。"

翔龙的这招诈术还是很厉害的，正在寻找新的藏身点的方形小鱼以为自己真的被发现了，吓得浑身哆嗦。可是等他镇静下来小心地向四周张望，只看到一片礁石和海草，他这才明白自己上当了。

"你们休想找到我。"方形小鱼低声道。

方形小鱼也很聪明，他听清了翔龙他们的位置，于

是转身向相反的方向游去，这样就可以离追踪者更远些了。

他终于来到了自己的目的地——一块遍布着奇形怪状礁石的区域，这里到处都分布着深浅不一的洞穴，随便找一个洞穴，都可以很好地将自己隐藏起来，使对手很难找到自己。

"哼——有本事你们就来找我吧。"方形小鱼在游进一个洞穴之前，挑衅地冲着翔龙他们的方向说道。

翔龙当然听不到他的话了，这时他还在海草间四处乱翻，寻找对手的踪迹呢。

"这条狡猾的方盒子小怪鱼，到底躲到哪里去了呢？"翔龙一脸困惑地说道。

他还抱怨对手狡猾，可是他自己用诈术想骗人家出来，也不能算是光明正大的行为呀。

聪明的奇奇想了想，说："我们刚才一直在海草里找，他肯定没躲在这里，我们是不是到那边的礁石群里去看看？"原来刚才他游到高处，想观察一下周围的地形，也注意到了方形小鱼藏身的那片礁石区。

"对呀，也许这条狡猾的小怪鱼就躲在某个洞穴里呢。"翔龙一想很有道理，立刻同意了奇奇的主意。

这次翔龙接受了刚才的教训，他和奇奇悄无声息地向着方形小鱼藏身的礁石群游了过去。

他们来到大片的礁石群间,一看这里果然是藏身的好地方,只见这儿的礁石上到处都是深浅不一的孔洞,对于方形小鱼这种体形的海洋居民来说,简直到处都是安乐窝。

"呀——这么多洞穴,可不好找。"翔龙为难地说。

"你从这边找,我从那边找,这样可以快一点。"聪明的奇奇又出了一个好主意。

"好,就这么办。"

两个好朋友立刻兵分两路寻找起来。翔龙伸着长脖子,每个洞穴他都探头探脑地想查看一番,结果差点被一只碗口大的海蟹的大钳子夹住了鼻子,吓得他赶紧缩回脖子后退了好几步。

被打扰的海蟹放弃了自己的小窝,他从洞穴里游了出来,落到沙地上,高举着一对大钳子,麻利地挪动着八条腿爬进了附近一片浓密的海草间,消失不见了。

就在翔龙被海蟹吓得还在发愣的时候,奇奇那边忽然传来一声欢呼声:"哈哈——翔龙快来,他在这里。"

原来刚才那条方形小鱼想偷偷到洞口观察一下外面的情况,结果他刚一露头,恰好被寻找到附近的奇奇发现了。奇奇立刻游了过来,堵住了对手,然后欢呼着让翔龙快点过来。

翔龙以最快的速度赶了过来,一看,可不是,在一个椭圆形的洞穴入口,那条方形小鱼正慌张地看着堵在洞口的奇奇。

"嘿——朋友,我们又不是坏人,只是想找你问问情况,你跑什么呀。"翔龙一看方形小鱼很害怕,赶紧解释。

"你们真的不是来吃我的?"方形小鱼还是有些不相信。

"哈哈,我们看起来像是坏人吗?"翔龙一副很自

信的表情,觉得他这样善良的长相,到哪里都会让人觉得安全。

经过奇奇和翔龙一番耐心的解释,方形小鱼才终于相信了他俩,"哦——原来是这么一回事啊。"他恍然大悟道。

原来方形小鱼属于可爱的箱鲀科圆点鲀类,因为他身上长着好看的圆点,大家都叫他点点。

点点和奇奇、翔龙在马六甲海峡问路时遇到的牛角鱼实际上是一个家族的,只是他的头上没有长角而已。

"你为什么在渔网前看那个小男孩呀?你不害怕人类的渔网吗?"翔龙问。

"我认识他,他还救过我的命呢。"点点的回答让翔龙和奇奇大吃了一惊。

印度的神猴

在印度,有一种在人们的日常生活中无处不在的动物,虽然它们到处抢夺食物,甚至进入人家里翻箱倒柜找吃的,但人们依然很尊重它们,这就是印度常见的长尾叶猴。长尾叶猴又叫哈努曼叶猴,它们之所以有这么高贵的地位,是因为印度著名的史诗《罗摩衍那》中的一个重要的英雄角色——神猴哈努曼,便是长尾叶猴的化身。

箱鲀为什么被称为盒子鱼?

箱鲀科的鱼类很特别,它们成年后,因为身体的大部分被一个坚硬的盒子状骨架包围着,所以通常更形象地被称为盒子鱼。有些种类的盒子鱼头上还具有角状的突起,很像牛角,因此也称为牛角鱼。翔龙他们在马六甲海峡问路时遇到的那条牛角鱼,就属于箱鲀科。

盒子鱼一般在沿岸浅海的礁石区生活,不喜欢结群,通常单独活动。因为身体被坚硬的骨架包围,不能自由活动,所以他们只能靠背鳍和臀鳍游动。因为它们只有鱼鳍、嘴巴和眼睛可以活动,所以游泳姿势非常有趣,很像一架飞行的直升机。

箱鲀的体表皮肤可以分泌有毒物质,在被捕获或者被触摸的时候,会释放出有毒物质,毒死和它在一起的其他鱼类,因此渔民们在误捕箱鲀的时候,往往会立刻放掉。

可爱的点点也属于箱鲀科,因为他的身体呈黄色箱状,布满圆点,也叫黄箱鲀、圆点鲀和金木瓜。因为黄箱鲀非常可爱,经常被作为观赏鱼饲养,但是并不容易,除了要求饲养的水箱非常大之外,还要注意尽量不要让它们感觉受到了威胁,否则他们会释放出毒素,毒死鱼缸里其他的鱼。

七、渔网里的魔瓶

"怎么回事呀？"翔龙瞪大了眼睛追问道。

经过点点的讲述，奇奇和翔龙才明白了事情的缘由。事情还得从一年前说起。去年夏天的时候，还是少年的点点活泼好动，而且初生牛犊不怕虎，胆子特别大，看见什么新奇的玩意儿，也不管是否危险，都想尝试一下。虽然妈妈总是提醒他，要他小心点儿，说大海里有各种意想不到的危险，可是点点从来都没有把妈妈的叮嘱放在心上。

一天，闲着无聊的点点又出来四处闲逛，不知不觉来到了安静的海湾。一到海湾，他就看见了那些或悬挂在海面，或浸没在水中的中国渔网，这可是他第一次看见这么奇怪的东西，所以立刻就来了兴致。

"哈哈，好奇怪的东西呀，我得过去看看。"说着，他径直朝渔网区游去。

开始，点点对造型独特的中国渔网还是有一丝戒备的，虽然路过的好几张渔网都静静地浸没在水里，里面也有一些色彩缤纷的热带鱼悠闲地游来游去，互相追逐嬉戏，不过点点没有贸然进去，他想观察一下情况再说。

当游到最后一张小男孩辛格家的渔网前时,什么事都没有发生,点点终于放下了戒心,他决定也进入这种都是小洞的奇怪物体中去逛逛,看是不是很好玩。

渔网中已经有了很多先到的访客,他们是一条长相滑稽的小丑鱼,两条美丽的蝴蝶鱼,还有几十条到哪里都喜欢扎堆活动的燕翅鱼。渔网的底部还有一只小章鱼,他正缓慢地挪动着自己长长的触手,悠闲地在渔网中散步呢。

"嘿——各位,你们好啊。"很懂礼貌的点点和各位先到的访客打招呼。

海洋里的弱小居民一般都很客气,他们也纷纷和点点打招呼。

"这里好玩吗?"点点打量着周围都是孔眼的大网问道。

"可好玩啦,不仅可以躺在上面睡觉,清凉的海水从洞眼里流进来,一点儿都不会觉得气闷,还可以玩一种很好玩的游戏呢。"生性活泼的小丑鱼答道。

"对呀,可好玩啦。"一条热情的蝴蝶鱼也游过来说道。

"真的吗?什么游戏呀?"点点快乐地摆着小尾巴

海上丝绸之路大冒险

问道。

"就是弹弹射游戏呀,喏——就像这样——"说着,热心的小丑鱼给点点演示,只见他用嘴先把一块渔网咬住,然后使劲朝前面顶去,富有弹力的渔网被小丑鱼顶出了一个深深的凹陷。随着小丑鱼忽然一松劲,渔网突然收缩,猛地把小丑鱼弹射了出去,在空中划出了一道优美的弧线。

只见小丑鱼在空中快乐地扇动着鱼鳍,像小鸟一样自由飞翔,他"扑通"一声落入水中,正好砸到了慢腾腾地在渔网中散步的章鱼身上,把没有心理准备的章鱼先生吓得缩成一团。

"哈哈——这个游戏真好玩,我也来试试。"说着,点点也学着刚才小丑鱼的样子,使劲儿把渔网顶出了

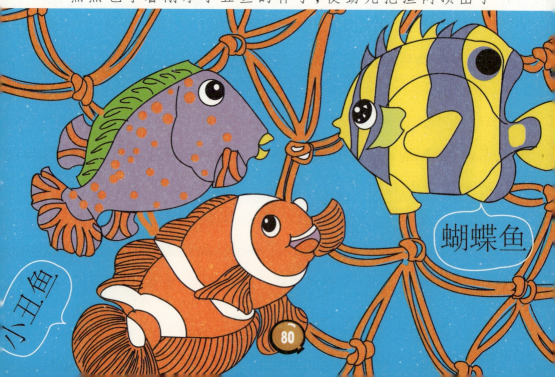

一个凹陷,然后把自己弹射到了空中。

"嘻嘻——真是太好玩了。"点点在空中开心地叫道。

就在他们玩得正开心的时候,谁都没有注意到岸上忽然来了一高一矮两个人,正是辛格和他的爸爸,他俩来查看今天的收获了。

"爸爸,有鱼,我看见鱼儿在渔网里跳出水面了。"辛格兴奋地叫道,他看见的正是点点被弹出水面的瞬间。

"儿子,快起网。"爸爸当然也看见了,他觉得今天的收获一定很不错。

父子俩以最快的速度把渔网吊到空中,除了那只会缩骨功的章鱼从窄小的网眼里逃脱了之外,其他的海洋居民都被罩在了渔网里。

点点吓坏了,大网离开水面的一刹那,他隔着网眼惊恐地看着离自己越来越远的蔚蓝色海面,旁边的小伙伴都在拼命地跳跃着,似乎想跳出渔网重新回到大海里。

"儿子,今天的收成真不错。"看着渔网里一片跳跃的鱼儿的身影,辛格爸爸开心地笑道。

"爸爸,我来捡。"辛格也很高兴,捕到的鱼多了,心灵手巧的妈妈就会给他们父子俩做各种可口的鱼肉美食，多余的还可以拿到集市上卖钱，买些生活必需品。

"一条，两条，三条……"辛格一边捡在渔网中活蹦乱跳的鱼儿，一边开心地数着。

捡到点点的时候，辛格不由得愣了一下，"爸爸，这条方块形的小鱼长得好可爱呀。"从来没有见过箱鲀的辛格惊讶地叫道。

爸爸正忙着重新绑扎一条有些松动的绳索，并没有理会儿子。

过了一会儿，把点点拿在手里仔细观看的辛格又惊讶地叫了起来："爸爸，快看呀，这条方块小鱼还在流眼泪呢，好可怜哪，爸爸，我们把他放了吧。"善良的辛格举着点点朝爸爸挥了挥手，和爸爸商议道。

正在忙活的爸爸瞄了一眼，见是一条小圆点鲀，顺口说道："哦——原来是一条小盒子鱼呀，那就把他放了吧。"捕鱼经验丰富的辛格爸爸知道，圆点鲀是有毒的，根本不能吃，不过这些他还没有和儿子说过。

原来这种好看的方形小鱼叫盒子鱼呀，辛格觉得这个名字真是很适合他们。见爸爸答应了，辛格顾不上捡拾剩下的几条鱼，他高兴地捧着点点来到海边，轻轻地把他放入了水中。

"小家伙，快点回家找妈妈吧，下次可要注意了，不要再被人捕到了。"辛格想起妈妈平时对自己的叮嘱,也把小点点当成了一个人类的小孩。

绝境逢生,还没有从惊恐中缓过神来的点点摆动着尾巴,以最快的速度逃开了。不过他很感谢救了自己的辛格,从此以后,他没事就会到辛格家的渔网边,默默地看着岸上每天为生计辛勤忙碌着的父子。

听完点点的讲述,翔龙和奇奇都觉得非常温馨。

"可真感人。"奇奇差点被感动哭了。

"是啊,他可真是一个善良的孩子,如果不是他救了我,你们今天就听不到这个故事了。"点点对辛格充满了感激。

"是的,是的。"翔龙点头表示同意。

忽然,翔龙想起一个很重要的问题,问:"点点,你没发现救你的小男孩很忧伤吗?这是为什么呀?"他不解地问道,觉得也许点点会知道原因。

谁知点点茫然地摇了摇头，说："我也发现了，可是我也不知道是什么原因。"他的回答让抱着期待的翔龙有些失望。

讲完了自己的故事，点点对奇奇和翔龙也充满了好奇，"你们从哪里来呀？我怎么从来没有见过你们？"他问道。

"嘿嘿，我们从遥远的中国来，沿着大英雄郑和下西洋的路线做环球旅行呢。"翔龙很骄傲地一挺胸脯说道。

虽然点点不知道中国在哪儿，郑和是谁，不过他觉得奇奇和翔龙一定都很了不起。

"那你们一路上一定发生了许多有趣的事情吧？"他充满兴趣地追问道。

"当然，不仅有趣，还很惊险呢。"翔龙把他们旅途上遇到的事情跟点点讲述了一遍，什么大战海盗帮强盗啊，智逃锤头鲨们的死亡禁地呀，差点把自己说成了和郑和一样伟大的英雄。

奇奇在一旁笑眯眯地听着。

"天哪，你们可真了不起。"听完故事的点点用崇拜的目光看着奇奇和翔龙。

在翔龙口若悬河地与点点吹嘘他和奇奇一路上遇到的惊险故事的时候，辛格的家里，莫罕医生又来了。

一进门,他就坐在辛格家里唯一的那把破旧的木椅上,手捻着花白的胡须不说话。

"莫罕医生,事情怎么样了?"辛格妈妈毕恭毕敬地站在椅子边,疲惫的眼睛里充满了希望,期待地看着莫罕。

莫罕不慌不忙地端起糖水,慢条斯理地喝了一口——这是辛格家最后的一点红糖了,妈妈都拿来招待了尊贵的客人。莫罕喝糖水的时候,站在一边的辛格下意识地用舌头舔了一下被海风吹得有些干裂的嘴唇。

"嗯——已经有点眉目了,不过我还需要再确认一下。"甘甜的糖水让莫罕老头很满意,最后他放下破了一个口子的糖水碗说道。

"真的?这么说辛格爸爸的病有救了?"辛格妈妈因为生活的艰辛早早爬满皱纹的脸上,瞬间披上了一层光芒,那是绝望中的人忽然看见了希望时才有的表情。

"差不多吧,现在你们都不要打扰我,我需要安静地冥想。"莫罕一脸严肃地说道。

辛格和妈妈听了,都赶紧退到一边,不敢再说话,安静地看着莫罕。躺在病床上的辛格爸爸也尽量把自己沉重的呼吸减轻,免得打扰了要开始冥想的莫罕。

只见莫罕装模作样地双手合十，先朝着天空的方向祈祷了一番，然后慢慢闭上眼睛，开始冥想。

辛格和妈妈在旁边看着，充满了期待，希望莫罕爷爷再次睁开眼睛的时候，说出的是他们希望听到的好消息。

莫罕终于睁开了眼睛，他并没有着急说话，而是先喝了一口糖水。

"莫罕医生，怎么样了？"等莫罕把碗放下，辛格妈妈才小心地轻声问道。

"嗯——辛格的爸爸因为杀戮和贪婪，所以才被海神惩罚。"老头慢悠悠地说道。

"天哪，这太可怕了，那还有救吗？"辛格妈妈听莫罕说得这么可怕，吓得一下用手捂住了嘴巴。病床上的辛格爸爸听见了，发出了几声压抑的轻微呻吟。

辛格对莫罕的话似懂非懂：爸爸是个善良的人，怎么会被海神惩罚呢？平时爸爸连一只受伤的海鸟都不愿伤害，捕鱼只是为了一家人的生活，这能算杀戮和贪婪吗？

莫罕从怀里掏出一个模样怪异的黑色陶瓶，放在桌上，说："这是一个有魔力的瓶子，你们把这个瓶子放到海里去。"

辛格看着口小腹大的黑色陶瓶忍不住问道："莫罕

爷爷,把这个瓶子放到海里,能治爸爸病的药就会出现吗?"

莫罕用手捋了一把山羊胡,面无表情地说:"这需要看你们的诚心能否打动海神,让他原谅亚伯拉罕(辛格爸爸的名字)的罪过。如果仁慈的海神宽恕了他,魔瓶里就会出现一种神奇的药物,亚伯拉罕就有救了。"

"莫罕医生,这是什么样的神药呢?"辛格妈妈急切地追问道。

"这是一种很神奇的海草,只生长在大海的深处,它的形状像小鹿美丽的犄角,名字叫麒麟菜,如果找到这种神奇的海草,把它熬汤给亚伯拉罕喝下,他的病很快就会痊愈的。"莫罕老头顿了一下又接着说,"不过这种海草很少被发现,许多得了和亚伯拉罕一样怪病的人的亲人们都试图找到这种神奇的药物,不过从来没有人成功过。"

听莫罕这么说,本来已经看见了希望的辛格妈妈,心一下又沉入了无底深渊,忍不住捂着脸轻轻抽泣起来。

"辛格妈妈,不要哭,我没事的。"虽然每说一个字都会扯着脖子上的硬块,引起一阵难以忍受的疼痛,不过坚强的辛格爸爸还是安慰妻子道。

海上丝绸之路大冒险

看着伤心的妈妈,觉得自己一下就长大了的辛格,盯着桌子上那个弥散着神秘魔力的黑色陶瓶,眼神坚毅地说道:"莫罕爷爷,我不怕困难,不管怎样,我都要找到神药,让爸爸的病好起来。"

"这很好,我的孩子。"莫罕说道。

不管怎样,毕竟治疗辛格爸爸的怪病有了希望,莫罕在辛格妈妈的感谢声中离开了。原来那天他回到家赶紧翻看医书,觉得很可能就是他判断的那种病——一种在当地称作老鼠疮的淋巴结肿大。治疗这种疾病,医书上说可以用一种叫麒麟菜的海藻,不过这种海藻在当地很少见。

莫罕走后,辛格像拿着一个极其珍贵的宝贝似的

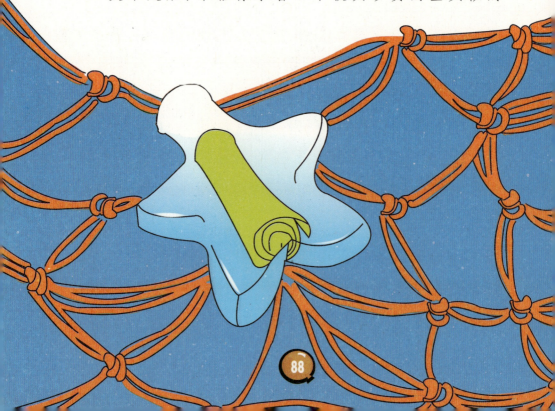

中国渔网和丰富的魔瓶

拿起了瓶子,他和妈妈说了句"妈妈,我把瓶子放到我们家的渔网里去",然后就小心地抱着瓶子快速向海边跑去。

来到海边,他轻轻地把黑色陶瓶放到了渔网里,亮晶晶的黑眼睛里充满了无尽的希望。

做好了这一切,他看着静静躺在海水中的瓶子,虔诚地小声祈祷道:"伟大的海神,祈求您让神奇的麒麟菜出现在瓶子里吧,让爸爸的病快点儿好起来。"

本节知识小贴士

航海罗盘

航海罗盘是中国古代劳动人民的重要发明之一,世界上最早利用航海罗盘进行海上导航是在11~12世纪的中国北宋时期。到明朝郑和七下西洋时期,航海罗盘给庞大的船队进行远航提供了准确的导航,为郑和开辟中国到东非航线提供了可靠的技术保证。

麒麟菜真的可以治病吗？

莫罕医生告诉辛格和妈妈，海里一种叫麒麟菜的海草可以治疗辛格爸爸的病，那么麒麟菜真的可以治病吗？

麒麟菜，属于红藻纲红翎菜科，因此它和海带、马尾藻等海洋植物一样，都是一种海藻。麒麟菜呈圆柱形或者扁平状，通体为紫红色，具有刺状或者圆锥形的突起，多分枝，因为形状像鸡爪，也叫鸡脚菜。

麒麟菜广泛分布在热带和亚热带海域，以赤道为中心向南北延伸，在我国常见于海南岛、西沙群岛等沿海地区。

麒麟菜富含胶质、多糖、纤维素等营养物质，而蛋白质和脂肪等含量却非常低，因此是一种非常好的保健食品。膳食纤维是人体必需的物质，具有防治胃溃疡、抗凝血、降血脂、促进骨胶原生长等作用，而麒麟菜富含多糖和纤维素，故属于高膳食纤维食物。

至于麒麟菜可以治疗辛格爸爸的病的说法，也是真的，在我国的医书《本草纲目拾遗》中，就有记载麒麟菜可以治疗瘰疬的文字，而瘰疬就是俗称的老鼠疮。

八、小伙伴们的决定

从把魔瓶放入海水中的那一刻起,辛格就一直盯着渔网里的瓶子看,他是多么希望莫罕爷爷说的那种神奇的麒麟菜,忽然就出现在瓶子里呀。

不知不觉中,代替爸爸捕鱼非常辛苦的小辛格,依着沙滩上的一块礁石睡着了。轻柔的海风轻轻地吹拂着他稚嫩的脸庞和黑黑的头发,沉睡中他的脸上忽然露出了一丝微笑,似乎梦到了什么高兴的事。

睡梦中,辛格梦见面前的海水忽然一下都退去了,露出海底大片的沙地。他小心翼翼地走入沙地,只见海底礁石林立,许多茂盛的海草因为失去了海水的浮力,都软塌塌地趴在地上,形成了一片片褐绿色的水草地毯。

辛格赤着脚踏上水草地毯,地毯很厚实,脚踩上去冰冰凉的,还很滑腻,他开心地在地毯上蹦跳起来,富有弹性的水草地毯每次都把他弹起很高,好像在空中飞行一般。

辛格玩儿了一会儿,继续朝大海的深处走去,海底的光线越来越暗,他不得不努力睁大眼睛才能看清面

前的物体。

走着走着，辛格忽然踩到一块坚硬的东西，似乎还在滋滋地冒泡。吓了一跳的辛格赶紧低头察看，原来他踩到了一只青褐色的大海蟹，他赶紧抬起了脚。重获自由的大海蟹开始冲他挥舞了几下威吓敌人的大钳子，见辛格没有进一步攻击的动作，嘴角吐着一堆堆的泡沫横着身子快速爬走了。

辛格继续朝前走，这时光线越来越暗。又走了一会儿，前方的沙地上忽然出现了一大片奇怪的东西，在模模糊糊的光线中，看起来好像是一些树杈状的海洋植物。

难道是莫罕爷爷说的麒麟菜？辛格的心一下狂跳起来。

辛格怀着激动又期待的心情快速跑上前，果然，出现在他面前的是一大片如同鹿角状的海草，每一棵都玲珑剔透，散发着诱人的光芒。

"妈妈，我找到莫罕爷爷说的麒麟菜了，爸爸的病有救了。"辛格兴奋地大喊起来。

他踏入麒麟菜丛中，张开手臂抱住了一棵长得特别高大茂盛的麒麟菜。这棵麒麟菜长得比辛格还高，浓密的枝丫向四周伸展着，一棵就足够把他爸爸的病治好了。

辛格像拥抱着天下最珍贵的宝贝一样把大棵麒麟菜拥抱了一会儿，开始动手采摘。他想把一整棵麒麟菜都带回去，这样可以让爸爸多吃一点儿，彻底把怪病治好。他弯腰用手握住麒麟菜的根部，然后用尽全身的力气，想把麒麟菜连根拔起。

可是麒麟菜的个头太大，并且深深地扎根在海底的砂岩中。辛格费了很大劲儿，但是麒麟菜却纹丝不动，他不得不松开手，另外想办法。

活动了一下因为用力而有些酸麻的双手，辛格再次上前，这次他从中部握住了麒麟菜，想把它拦腰折断，这样多采摘几棵，也足够治疗爸爸的怪病了。可是这棵麒麟菜虽然看起来很脆嫩，可是却韧劲十足，不管辛格怎么努力，连一根小枝丫都没能折断。

忙活了半天，一小截麒麟菜都没有采摘到，这让辛格十分着急，他扭头打量了一下四周黑乎乎的海底，担心神秘消失的海水又突然涨回来。

着急的辛格再次上前，他伸手抓住一把麒麟菜的枝丫，然后用力朝怀里拉，想把它们拉断。

他忽然觉得脚底一片冰冷，低头一看，海水不知什么时候已经淹没了他的脚面，而且在快速上涨，耳边传来一片涨潮时轰隆隆的巨响。

辛格顾不上再采摘麒麟菜,他转身想跑开,可是海水上涨得非常迅猛,只是一眨眼的工夫,海水已经漫过了辛格的鼻子,让他觉得呼吸异常困难。

"救命啊——"异常恐惧的辛格张嘴想喊救命,可是刚张嘴就喝了好几口海水,呛得他觉得胸口异常憋闷,双手拼命地在海水中四处抓挠着,想抓住一根漂浮的东西,可以浮在海面上喘口气。

就在辛格觉得快要憋死的时候,忽然身边的海水快速旋转,然后出现了一个巨大的黑色旋涡。辛格非常害怕,他双手拼命划动,想离巨型旋涡远一点儿。可是他的划动好像一点儿都不起作用,他不仅没有游走,反而被黑色的巨型旋涡卷了进去,然后像一颗陀螺一样高速旋转起来,被旋涡带着不断向无底的深渊沉去。

"爸爸——妈妈——救救我——"绝望的辛格想喊爸爸妈妈来救他,可是不管怎么张嘴,就是叫不出声音。就在他焦急的时候,耳边忽然传来一声清脆的海鸥的鸣叫,辛格一惊,一下子清醒过来。

他赶紧看向面前的大海,依然是一片苍茫的望不到边的蔚蓝海水,海水根本就没有消失。他又赶忙看向自家的渔网,那个魔瓶安安静静地躺在渔网里,有几条好奇的小鱼围着它来回转悠,不停地用嘴巴在瓶

身上"亲"来"亲"去。

一切都是老样子,辛格长长地舒了一口气,这时他才发现自己全身已经被冷汗浸湿了,左边的胸口还有些隐隐作痛——那是被倚着睡觉的礁石挤压的,不知什么时候他歪趴在了礁石上。

原来是一场可怕的噩梦,憋闷的溺水感觉也是胸口被礁石挤压的缘故。

辛格做梦的时候,奇奇、翔龙和新认识的朋友点点又来到了渔网前,他们这次回来是想弄清辛格一脸忧伤的原因。

"看——他在那儿,正趴在一块礁石上睡觉呢。"奇奇一眼就看见了沙滩上的辛格，扭头和两位小伙伴说道。

"嗯，就让他好好睡一觉吧，睡着了总比醒着发愁好。"点点很善解人意，他虽然不明白辛格为什么发愁，不过知道救命恩人肯定是遇到了很大的难题。

他们说话的时候，辛格在梦里刚发现大片的麒麟菜，正是最开心的时候。

"呀——你们快看，渔网里的是什么？"翔龙也发现了离开的时候没有的新奇玩意儿。

"那是什么呀？"奇奇也好奇地说道。

因为辛格正在睡觉，再加上有点点的陪伴，原本对渔网很有戒心的奇奇和翔龙胆子也大了起来，他俩跟在点点的身后，一起游进了渔网里。

"这个圆圆的东西真好看。"点点从来没有见过这种瓶子，他很好奇，摆动着小尾巴围着瓶子游了一圈，又好奇地把脑袋凑在黑洞洞的瓶子口，朝里面张望——要是瓶口再大些，身材娇小的点点都可以游进去了。

"这是人类用来装东西的瓶子，我见过。"见多识广的翔龙近距离打量了几眼，立刻肯定地说道，"在饲养员叔叔的房间里，就有许多这样的瓶子，有些装的是可以喷在身上香喷喷的彩色水，有的是可以喝的，总之都是一些人类认为很重要的东西。"

"哦——原来是瓶子啊。"奇奇随口答道。

"奇怪，恩人为什么要在渔网里放一个瓶子呢？"点点皱紧眉头思考道。根据他对辛格一家的了解，这可是从来没有过的新奇事——这张渔网一直都是用来捕鱼的，里面从来没有出现过其他东西。

"是挺奇怪，这个只有你的恩人才知道了。"翔龙虽然自认为是一个绝顶聪明的大侦探，可是他也猜不透这个忽然出现在渔网里的瓶子的用意——关于这个小男孩身上的疑问真是越来越多了。

就在他们围着瓶子议论的时候，辛格的梦境做到了海水汹涌上涨的时候，只见他又是叫喊又是不时手脚抽动，样子很吓人。

辛格的奇怪举动让翔龙和奇奇又勾起了对渔网的可怕记忆，他们赶忙从渔网中游了出来，见两个好朋友离开了，点点也紧跟着游了出来。

"他怎么了？"在远离渔网的一个安全位置，他们停了下来，奇奇看着沙滩上辛格的奇怪举动问道。

"我想他正在做噩梦呢，而且这个噩梦一定很可怕。"翔龙有一次见过饲养员叔叔睡觉的时候也是这样的表现。

"哦——噩梦啊，我也做过，可真吓人。"奇奇接话

道。刚和妈妈走散时,他就经常梦到被可怕的牛鲨追杀的画面,幸好有翔龙的陪伴,他才度过了那段最艰难的时光。

辛格终于醒了,他仔细观看瓶子的眼神又把点点他们带回到刚才的疑问上来。

"要是知道他把瓶子放在渔网里干什么就好了。"翔龙有些遗憾地说道。

"要……要不我去打探一下吧。"点点犹豫了一下说道,他也想知道辛格忧伤的原因,也许和这个瓶子有关呢。

"你有什么好办法吗?不会有危险吧?"奇奇关切

圆点鲀

地问道。

"放心吧，不会有危险的。"朋友的关心让点点很感动。

在奇奇和翔龙的注视下，点点径直游向海边，为了引起辛格的注意，他不停地在水面上跳跃，努力激起更大的水花。

辛格终于看见了点点，一丝难得的笑容浮现在他的脸上。他走到海边蹲了下来，友好地伸出了手，点点立刻温顺地靠了过去——他还记得点点，那条可爱的盒子鱼。

"小家伙，你好哇，好像长大一些了。"辛格用手轻轻地抚摸着点点的身体，想起了他第一次看见点点时，点点在渔网里惊恐不安的表情。

点点用嘴轻轻地在辛格的手心触碰了几下，算是对他的问候。

不过点点可没有忘记他的任务，他用身体温柔地在辛格的手上蹭了两下，然后掉头游进渔网。那几条他们离开后进来的小鱼已经不见了，点点用嘴拱着那个奇怪的瓶子，然后又快速地回到了辛格的手边。

辛格愣了几秒，很快明白了点点的意思。

"你是想知道渔网里的瓶子是用来干什么的吗？"

他眨着大眼睛问道。

点点虽然不会说人类的语言,但是可以听懂辛格的话,他赶紧点了点头。

"唉——"辛格忽然长长地叹了一口气,愁云重新回到了他的脸上,这完全不是一个天真烂漫的孩子脸上应该有的表情。

点点很安静地看着辛格,他只是用嘴轻轻地触碰了几下辛格的手,表示他对恩人的关心。

辛格用手轻轻地划着水面,沉默了一会儿,然后开始轻声地诉说。

点点安静地听着,他的心情随着辛格的讲述不断起伏,听到最后辛格充满期待地希望能够早点找到麒麟菜,治好爸爸的病,点点非常激动。

现在他终于明白恩人为何一脸忧伤了。

天色不知什么时候暗淡了下来,又一个夜晚即将来临,远远地传来了辛格妈妈呼唤他回家的喊声。

"小家伙,妈妈在叫我了,我得回家了,你也早点回家吧。"辛格又轻轻地抚摸了一下点点的脑袋,站了起来。

他最后又仔细查看了一下渔网里的瓶子,确认没有问题后,一转身朝家的方向快速跑去——他不想让妈妈担心,现在妈妈很需要他的陪伴和安慰。

中国渔网和辛格的魔瓶

目送着辛格的背影消失在昏暗的暮色里,点点默默地回到了两个新朋友的身边。

"都打听清楚了?"翔龙急切地问道。

点点没有说话,只是用力地点了点头。

点点把他听到的消息跟两位新朋友讲述了一遍,翔龙恍然大悟道:"哦——原来是这么回事啊。"

"我一定要帮他找到麒麟菜。"点点忽然很坚定地说道。

"你知道麒麟菜在哪儿吗?"奇奇好奇地问道。

"不知道,不过我一定会找到的。"点点很坚定地说。

"行,我们帮你一起找。"翔龙很仗义地说道。

印度的国花

印度的国花是荷花。印度荷花主要有七种,故有"七宝莲花"之称。实际上,其中只有两种是荷花,即白莲花(芬陀利花)和红莲花(波头摩花),其他五种都是睡莲。

有比锤头鲨长得还奇怪的鲨鱼吗?

大家看见锤头鲨的怪模样,就会觉得他长得够奇怪的,那么还有比锤头鲨长得还奇怪的鲨鱼吗?

实际上鲨鱼家族里长得奇怪的还真是不少,下面就给大家介绍几种。

首先我们来看一种很可爱的鲨鱼,名叫硬背侏儒鲨,是鲨鱼家族中最小的成员之一,身体最长也不过

28厘米左右。硬背侏儒鲨是深海鱼类,拥有众多生物发光器官,分布于腹部。研究人员认为,发光器官有助于硬背侏儒鲨与周围的发光环境融为一体,从而让捕食者和猎物均难以分辨。鱼类学家在1907年前对硬背侏儒鲨还一无所知,尽管最早是在菲律宾附近水域发现的,但硬背侏儒鲨现生存于世界各大海洋。

皱鳃鲨也是一种模样奇怪的鲨鱼。这种鲨鱼也是深海鱼类,极少在海面现身,但常常被海底拖网捕获。皱鳃鲨身体细长,就像鳗鱼一样。

九、寻找神药

"谢谢你们。"对于好朋友的真诚帮助,点点的心里充满了感激之情。

"嘿嘿——客气什么呀,大家都是好朋友嘛。"翔龙笑着说道。

天色已晚,三个小伙伴决定第二天再去寻找麒麟菜。点点带着两个新朋友回到了自己的住处,一块大礁石下的洞穴里,自从他长大后离开妈妈独自生活,就一直住在这里。

翔龙的身体太大,进不去点点的家,他只好趴在洞口,与并排依偎在一起的点点和奇奇说话。

"你们知道麒麟菜是什么东西吗?"翔龙眨巴着大眼睛问道,他觉得这个问题很重要,如果连麒麟菜是什么都不知道,明天可怎么寻找啊。

"我不知道。"奇奇老实地回答,他还是第一次听到这个名字呢。

"我也没见过。"点点也有些茫然地摇头。

"点点,那你知道麒麟菜长什么样吗?"翔龙看着点点,因为只有他听到了辛格说的话。

点点的表情有些迷茫，因为他那时候光顾着替辛格难过了，有些话听得不是很清楚。

"点点，好好想想，这个很重要。"翔龙觉得辛格一定提到过麒麟菜的模样，只是点点没有留意而已。

点点在洞里来回转着圈，紧皱眉头认真思考，翔龙和奇奇都紧张地看着他。

"怎么样，想起来了吗？"等点点转到第三圈，又经过面前的时候，翔龙忍不住问道。

"没有。"点点苦着脸摇头道。

"再好好想想，一定能够想起来。"翔龙倒是很有信心。

"点点，加油啊，我相信你。"奇奇也在一边给他加油。

点点认真地点了点头，他再次转起了圈，当快游到洞穴的底部时，只见他忽然猛地转身，快速游了回来。"想起来了？"翔龙一看有情况，激动地问道。

"是的，我想起来了，听恩人说，麒麟菜是一种海草。"点点兴奋地摆动着小尾巴，眼睛里放射着亮晶晶的光芒。

"麒麟菜，一听名字就是一种海草嘛，这还用说，关键是它长什么样啊，只有知道麒麟菜长什么样，我们明天才好去寻找呀。"翔龙有些失望地说道。

海上丝绸之路大冒险

"哦——那我再想想。"点点听翔龙说得有道理,他也有些泄气。

皎洁的月光照在海面上,柔柔的月光穿过清亮的海水,洒在点点的家门前和翔龙的身上,见证了三个好朋友为了伟大而纯洁的友谊所做的努力。

不知道点点洞里洞外转了多少圈,就在翔龙已经不再抱希望,奇奇也有些昏昏欲睡的时候,点点忽然激动地叫了起来:"哈哈——我想起来了,我想起来了——"

奇奇一下子精神了,他和翔龙都快速地围到点点身边,翔龙兴奋地催促道:"你快说呀。"

"恩人提到过，麒麟菜长得像树枝，而且很稀少，可不容易找到了。"点点终于记起来了。

"哦——原来长得像树枝啊。"翔龙一边点头，一边在脑海里回忆，看大海里有什么东西的模样像树枝。

想了半天，他只想起好像树珊瑚的模样有些像树枝，可是它们硬得简直就像一块石头，根本咬不动，而且也不是海草啊。

"到底什么东西的样子像树枝呢？"翔龙自言自语道。

奇奇也在想，可是想了半天他什么都没有想出来，"要不我们明天去找到点点的地方看看吧，那里海草多，也许能找到麒麟菜呢。"他建议道。

"对呀，这是个好主意。"翔龙眼前一亮，他想起点点藏身的地方，那里礁石林立、海草丛生，说不定少见的麒麟菜就隐藏在某个不为人注意的角落里呢。

"好呀，我给你们带路。"点点自告奋勇，他对这里的环境很熟悉。

第二天一大早，当金灿灿的朝阳刚把它温暖的光芒洒在蔚蓝的海面上时，三个小伙伴就出发了。

他们直奔昨天和点点捉迷藏的那一大片水草区，每个人的眼里都充满着期待的光芒，希望在那里可以

找到珍贵的麒麟菜。

"这么大的地方,可怎么找哇。"虽然主意是奇奇出的,可是到了地方,他一看面前那么绿莹莹的一大片,中间还夹杂着迷宫一般的礁石群,就觉得说起来容易做起来难。

"嗯——让我想想。"翔龙经验最丰富,他像个指挥官一样在海草前来回游动,想着对策。

点点个头最小,年纪也最小,他像个小跟班一样,眼巴巴地看着翔龙,等着他拿主意。

翔龙终于想到了一个好办法,"我在中间,奇奇在我的左边,点点在我的右边,我们三个一起向前搜寻,不要离得太远,彼此可以看见对方,如果发现了情况就招呼一声。"他把自己的办法讲给奇奇和点点听。

"好,就这么办。"奇奇和点点一起点头。

随着翔龙开始行动的口令,三个小伙伴一头扎进了茂密如森林的礁石海草区,开始寻找麒麟菜。

海草区有各种各样的海洋植物,有大叶藻、褐藻、针叶藻,还有最常见的海带,实际上它也是褐藻的一种。

三个小伙伴可不是辨识海草的植物学家,他们在海草区里晕头转向,乍一看觉得很多水草都像辛格描述的树枝状的麒麟菜，可是停下来再仔细观察，又觉得不像了。

"天哪，本来以为知道了麒麟菜长什么样就很简单了呢。"翔龙站在一棵他认识的褐藻科植物前感叹道，这株褐藻长有许多枝杈，乍一看还真像辛格说的麒麟菜呢。看来海洋里自己不知道的知识还多着呢。

翔龙正在一个人嘀咕，那边奇奇好像有了新发现，因为他正在不断招呼，让翔龙和点点赶紧过去呢。

"奇奇，你发现了什么？"翔龙兴冲冲地奔过去道。

"奇奇，你发现麒麟菜了吗？"点点也紧跟着游了过来，激动地大声问道。

"你们看，这是什么？我觉得它很像麒麟菜呢。"奇奇指着他面前一大蓬绿油油的海草说道。

顺着奇奇指示的方向，翔龙和点点看见那棵海草生长在一块礁石的底部，上面是一大片绿色的枝杈，根部牢牢扎在礁石的缝隙里。

这株海草看起来确实很像点点描述的麒麟菜。

"要不我们就把这棵海草拔出来带回去吧。"点点说完正要上前动手，却被翔龙拦住了，"别急，让我想想。"翔龙这么做是想把事情弄清楚，万一弄错了，闹出笑话倒罢了，耽误了给辛格爸爸治病可是很严重的事情呢。

翔龙在奇怪的海草前来回绕着圈子，游到左边看看，又转到右边凑近了仔细瞧瞧，奇奇和点点都不知道他在看些什么，一起瞪大了眼睛看着他。

"翔龙，看出什么了吗？"奇奇等了一会儿，见翔龙都快把鼻子凑到怪草叶子上了，忍不住问道。

"再等等，让我再看看。"翔龙头也不抬地说道。

见翔龙这么认真，点点很感动，觉得新认识的两位朋友真是太好了。

终于，翔龙好像看出了些门道，他又抬头朝四周打量了一会儿，似乎在寻找什么。

"翔龙，你在找什么呀？"点点忍不住问道。

"你的恩人是不是说过麒麟菜很少见？"翔龙回头问点点。

"是的。"点点很肯定地点了点头说，"要不是很少见，恩人肯定早就找到了，也不用像现在这么发愁了。"

"那就对了，我判断这棵海草就是我们要找的麒麟菜。"翔龙很自信地说道。

"为什么呀？"奇奇一头雾水，明明刚才他还怀疑呢，怎么一转眼就这么肯定了。

"你们看，这周围就这么一棵这样的海草，而且它长得确实像树枝，所以我断定它就是我们要找的麒麟菜。"翔龙像个大侦探一样推理道。

"真的耶。"奇奇听翔龙这么一说，也向周围仔细观察了一下，还真的没有长得一模一样的海草。

"那我们快动手吧。"点点见大家已经达成了共识，赶紧上前想要拔起海草。

就在奇奇和翔龙正准备上前帮忙的时候，海草边的礁石缝隙里一个青灰色的身影一闪，一个圆圆的生物爬了出来。

"哈哈哈，真是太可笑了，明明就是一棵马尾藻嘛，你们非说是麒麟菜，哈哈哈，真是笑死人了。"青灰色身影在海草边的沙地上大声嘲笑着。

奇奇他们定睛一看，原来是一只寄居蟹，只见他笑得脸都涨红了，嘴角挂着一串串白葡萄似的泡沫。

"有什么好笑的，你说是马尾藻就是马尾藻啦？"被人嘲笑，翔龙觉得很没面子，他不服气地反驳道。

"那你们见过真正的马尾藻吗？"寄居蟹也不介意，他终于停止了笑反问道。

"我……没……没见过。"翔龙不好意思地说。

奇奇和点点也摇了摇头。

"我住在这里很多年了，这就是一棵普通的马尾

藻,你们看,它下面的枝丫上还有我偶尔换换口味咬的痕迹呢。"寄居蟹指给他们看,果然,在马尾藻底部的一些叶片上,有一些很明显的咬痕。

被证实真的只是一棵马尾藻,大家都很失望,点点差点哭出来。

"寄居蟹先生,那你知道真正的麒麟菜在哪里吗?"翔龙想,久居此地的寄居蟹也许知道一些有关麒麟菜的线索。

寄居蟹

寄居蟹竖着螃蟹家族标志性的一对棒槌眼认真想了一会儿道："你们可以去蛇鱼谷找找，也许那里有你们要找的麒麟菜。"

蛇鱼谷！

一听到这个名字，奇奇他们都吓了一跳。

印度的国鸟

印度的国鸟是蓝孔雀。全世界共有三种孔雀，即蓝孔雀、绿孔雀及刚果孔雀。印度分布的孔雀属于蓝孔雀，又叫印度孔雀，雄鸟颈部为宝蓝色，尾屏为绿色，富有金属光泽。此外，蓝孔雀还有白孔雀和黑孔雀两种变异种。

寄居蟹为什么要背别人的房子？

寄居蟹是十足目寄居蟹总科的概称，其外形介于虾和蟹之间，一般生活在沙滩和海边的岩石缝隙里。寄居蟹多数以螺壳为寄体，平时负壳爬行，受到惊吓会立即将身体缩入螺壳内。随着蟹体的逐渐长大，寄居蟹会寻找新的壳体。

　　寄居蟹的房子除螺壳外，还有贝壳、蜗牛壳等，甚至会由于生态环境恶劣而用瓶盖来充当家。那么它们为什么要拿别人的壳来当房子呢？原来寄居蟹刚出生时由于身体较为柔软，易被捕食，所以要找一个保护壳。长大后，为了寻找一个适合自己的房子，寄居蟹常常吃掉贝壳等软体动物，把别人的壳占为己有，这就是寄居蟹名字的由来。

十、寻找蛇鱼谷

"好可怕的名字呀,点点,你知道蛇鱼谷在什么地方吗?"奇奇问身边的点点。

"不知道。"点点摇头,他虽然一直住在这里,却从来没有听说过蛇鱼谷这么一个有着怪异名字的地方。

"寄居蟹先生,您能告诉我们去蛇鱼谷怎么走吗?"点点很真诚地游到寄居蟹的面前恳求道。

"当然没问题,只是你们要告诉我为什么要寻找麒麟菜。"寄居蟹问。

翔龙把在辛格家渔网边发生的一切详细讲述了一遍,喜欢听故事的寄居蟹听得津津有味,激动得一个劲儿吐泡泡。

"真有趣,真是太精彩了。"故事听完了,寄居蟹还有些意犹未尽。

"寄居蟹先生,那您现在可以告诉我们去蛇鱼谷的路了吧?"点点问。

"没问题。"寄居蟹说完,给他们指点了前往蛇鱼谷的路,"一直向东,朝着太阳升起的地方,看见一片狭长的山谷,那里就是蛇鱼谷。在蛇鱼谷里,长有许多少见的海洋植物,也许在那里有你们要寻找的麒麟菜。"

"寄居蟹先生,您是怎么知道的呀?"奇奇好奇地问道。

"我有次闲着没事到处逛,无意中发现的。"寄居蟹说。

"谢谢你,寄居蟹先生。"点点说。

"不客气,你们快点出发吧。"寄居蟹说。

三个小伙伴立即按照寄居蟹指点的方向出发,等他们的背影都消失在幽深的海水中不见了踪影,寄居蟹还站在原地目送着他们呢。

"朋友们,祝你们好运。"寄居蟹先生脸上的表情有些复杂,原来,在蛇鱼谷里,生活着一种很霸道很凶狠的海洋居民,为了不让奇奇他们担心,他才故意没有说。

奇奇他们兴冲冲地迎着太阳游着,觉得只要找到了蛇鱼谷,治疗辛格爸爸病的灵药——麒麟菜就有着落了。

游出很远,海底还是一片平坦的沙地模样,寄居蟹所说的蛇鱼谷连个影子都没有,翔龙有些沉不住气了。

"奇奇,我们不会走错路了吧?"他停止前进问道。

奇奇看了看前方的太阳,明亮的太阳还在他们的正前方,有些犹豫地回答:"应该不会吧,寄居蟹先生不是说一直朝着太阳的方向游就可以找到了吗?"

点点虽然是这里的原住民,不过现在走的路他也从来没有来过,听了两个好朋友的担心,他有些紧张地向四下张望了一会,然后有些胆怯地提议道:"要不……要不我们找谁问问路吧。"

这是个好主意,奇奇和翔龙一致同意,他们停在一片清亮的海水中,四下张望,想找个路过的海洋居民问路。

现在还是早晨,可能时间太早了,许多海洋居民还没有出门活动,他们等了半天,一个过路的都没有。

不一会儿,奇奇看见远方的海水中飘过来一片特别美丽的身影,像海水中盛开的一朵美丽的鲜花,"咦——那是什么呀?"他好奇地问道。

顺着奇奇指的方向,翔龙和点点看见在前方大约20米外透亮的海水中,一个橘红色半透明的物体正在优雅地游动着。橘红色物体游动的方式很特别,他先是把圆伞状的身体尽量收缩,然后再动作优雅地展开,喷出一股不易察觉的水流推着他前进。

"他长得可真美。"点点由衷地赞叹道。

翔龙认识这个美丽的海洋居民,他有些得意地说道:"哦——原来是一只蛋黄水母啊。"

海上丝绸之路大冒险

奇奇第一次听说蛋黄水母这个名字,他仔细地打量了一下这个动作优雅的海洋居民,发现他身体正面那个圆圆的橘红色鼓起,既像一顶帽子的圆顶,更像一个打破壳的鸡蛋黄,他的名字和他的长相真是太配了。

"要不我们就向他问路吧。"奇奇说道。

于是大家一起朝美丽如花朵般的蛋黄水母游去。

"蛋黄水母先生,请停一下。"怕蛋黄水母游走了,离着还有一段距离奇奇就赶紧叫道。

听到有人叫她,蛋黄水母停止了姿势美妙的游动,她四下张望道:"谁呀,谁在叫我呀?"

蛋黄水母

"是我们,蛋黄水母先生。"现在大家已经游到了蛋黄水母的面前,翔龙接话道。

"嘻嘻,小海龟,我可不是先生,我是一位高贵优雅的蛋黄水母女士。"美丽的蛋黄水母很友好地纠正道。

见把人家的性别都弄错了,他们都不好意思起来。

"对不起,蛋黄水母女士,您长得可真美。"奇奇一边真诚地道歉,同时还不忘赞美对方。

"哈哈——真的吗,可爱的小家伙,你可真会说话。"听到有人赞美自己,蛋黄水母非常高兴。

"蛋黄水母女士,我能问您一个问题吗?"点点着急地问。

"问吧,小家伙。"蛋黄水母笑着说。

"您知道去蛇鱼谷的路怎么走吗?"说完,点点和奇奇、翔龙一起用充满期待的眼神看着蛋黄水母。

"唔——不知道,我是从老家出来旅行的,只是路过这儿。"蛋黄水母说话很干脆。

听了蛋黄水母的话,大家都很泄气,在他们愣神的时候,蛋黄水母优雅地游走了,继续她快乐的旅行。

没办法,三个小伙伴继续迎着朝阳游去,准备遇到新的路人,再打听蛇鱼谷的消息。

这次他们的运气不错,又走了大约一里路,迎面游来了一个脑袋上有许多触手的生物,身体还像变色龙似的,根据周围的环境不断变换着色彩和图案。

　　这位模样特别的海洋居民,是一只在海洋里名声不怎么好的乌贼,他们不仅喜欢欺负弱小的海洋居民,而且脾气很差,动不动就喷墨,把清澈的海水染得漆黑。

　　不过现在事情紧急,为了尽快找到麒麟菜,翔龙他们决定去碰碰运气,也许遇到的这只乌贼很通情达理呢。

　　"乌贼先生,请您停一下。"翔龙很有礼貌地喊道。

　　"什么事,小海龟,有话快说,我正忙着呢。"被喊住的乌贼好像有些不高兴,因为他早晨起来还没有吃饭呢,正准备到礁石区去找吃的。

　　他用两只贼溜溜的眼睛打量着四周的环境,见周围的地面都是土黄色的小沙粒,他立刻把身体表面的颜色像变魔术似的变成了土黄色,细看还有一个一个的颗粒,真不愧是海洋里的变装大师。

　　乌贼超强的变装术把他面前的翔龙他们看傻了,翔龙一时都忘记了说话。

　　"看什么看,快说话,再不说话我就走了。"

　　乌贼说话的口气很不耐烦——他这会儿肚子正饿得咕咕叫呢,看谁都有些不顺眼。

"哦——乌贼先生,我想问您知道蛇鱼谷在什么地方吗?"翔龙问道。

"你们打听蛇鱼谷干什么?"乌贼并没有直接回答翔龙的提问,而是用一对贼溜溜的眼睛来回打量着他们三个,好像怀疑他们要干坏事似的。

"乌贼先生,我们想到那里寻找麒麟菜治病救人。"翔龙如实相告。

"救人!救什么人?"乌贼还是不说他是否知道蛇鱼谷在哪里。

"救我恩人的爸爸,他得了一种怪病,躺在床上快要死了,只有麒麟菜才能治好。"着急的点点抢着回答道。

"哦——这么说你们要救的是人类啰?"不知道为什么,乌贼先生忽然好像有些激动,身上的色彩瞬息万变,如同一盏不断闪烁的霓虹灯。

"是的,"点点不明白乌贼这么问的意思,他老实地答道,"我有一次被恩人家的渔网捕住了,恩人放了我,所以我要报答他。"点点觉得自己这么说乌贼先生一定会夸自己知恩图报,可是结果完全出乎他的意料。

"哼——快让开,我要走了。"乌贼气哼哼地说道。

翔龙、奇奇和点点没想到会这样,他们一愣神,赶

海上丝绸之路大冒险

紧让开了一条路,乌贼气呼呼地从他们的身边游了过去。

"怎么回事呀,我说错了吗?"点点一脸无辜地看着奇奇和翔龙。

奇奇和翔龙也是一头雾水,翔龙怕点点难过,安慰他道:"可能他根本就不知道,才故意这样说的吧。"

乌贼听到了翔龙的话,立马转过身,一脸兴师问罪的表情,"你说谁坏话呢?"他盛气凌人地说道。

其实翔龙并没有说他的坏话,可是早就看他那副霸道的嘴脸不顺眼了,翔龙把脖子一梗道:"难道不是

乌贼

吗，你根本就不知道吧，还在这里不懂装懂。"

见翔龙竟然敢顶嘴，向来蛮横的乌贼张牙舞爪地嚷道："竟然敢这么和我说话，看我怎么教训你。"

"有本事你放马过来呀，我才不怕你呢。"翔龙喊道。

乌贼真的被激怒了，他摆动着多得让人眼花缭乱的触须，像一艘潜艇般向翔龙靠近，随时都可能出手。

从来不主动和人打架的奇奇和点点，被乌贼先生怒气冲冲的表情吓坏了，他俩一起躲到了翔龙的身后。

翔龙知道对手的触须很厉害，他暗暗留神，防止被乌贼长长的触须缠住，那样就只能被动挨打了。

可是翔龙忘记了乌贼还有更擅长的本领——喷墨。只见乌贼猛地一摆最长的两条触须，紧接着闪电般喷出一大团浓黑的墨汁，一下子就把来不及躲闪的翔龙包围了。

"哈哈——还想跟我斗呢。"大获全胜的乌贼得意扬扬地扫了一眼奇奇和点点，高傲地摆动着触须游走了。

等乌贼不见了踪影，奇奇和点点才想起救同伴，只见翔龙还被浓稠的墨汁包围着，都分不清方向了。

"翔龙——"奇奇赶紧冲上去，救自己的好朋友。

点点也摆动着小尾巴跟了过来。

对付乌贼墨汁最有效的办法就是用水流把它们冲淡。奇奇和点点一起动手,又是用嘴喷水,又是摆动尾巴搅动水流,尽量让翔龙身边的水流急一些。

他俩终于把墨汁冲散,把翔龙救了出来。只见翔龙地脸上和身上还沾着许多黑漆漆的墨汁,把原本很美丽的花纹都遮住了,成了一只小黑龟。

"哈哈——翔龙,你这个样子——"奇奇忍不住笑了起来。

奇奇和点点费了很大的劲儿,才用海草把翔龙身上的墨汁擦干净,不过他们都很好奇乌贼为什么有那么奇怪的反应。

他们当然不会知道,那只乌贼最痛恨人类了,因为他的许多亲朋好友都被人类端上了餐桌,他一听到人类两个字就会情绪失控。

经过这样一场遭遇,他们决定不再乱问路了,要靠自己的力量找到蛇鱼谷。

印度的国树

印度的国树是菩提树,是一种桑科榕属的大型乔木植物,高15~25米。佛教一直都视菩提树为圣树,在印度各地的丛林和寺庙中普遍栽植。中国唐朝初年,禅宗六祖慧能写了一首关于菩提树的诗,流传甚广,"菩提本无树"这一诗句,成为佛家理论"四大皆空"的经典名句。

蛋黄水母有多么像打开的蛋?

如果你有机会从正面亲眼看见一只蛋黄水母的话,那么你一定会惊呼:"天哪,好大的一个蛋黄啊。"

没错,这种会四处游动的"大蛋黄"就是蛋黄水母,属于钵水母纲根口水母目的一种海洋生物。

蛋黄水母体形较大,伞体直径一般为35厘米,最大可达50厘米。伞呈圆盘形,由于其体内的生殖腺或其他胃囊等结构具有色泽,从而使身体在透明中出现中央隆起的金红色或桔红色,看起来很像一只荷包蛋,因此它们也被称为荷包蛋水母、水煮蛋水母。

蛋黄水母生长的主要阶段是单体、水母型,其水螅型阶段不发达。蛋黄水母的武器是鱼叉状的触手,当它们碰触到猎物时,就会射出触手上刺细胞的毒液,捕食它们的猎物。

蛋黄水母主要分布在地中海等海域,有时也可以在其他地方看见这种优雅地四处闲逛的美丽生物。

十一、霸道的毒蛇鱼

就在他们又向前走了两里多路的时候,前方的地势忽然抬高,翻过像小山丘似的沙地,一大片狭长如同山谷的礁石群出现在他们的面前。

"这会不会就是寄居蟹先生说的蛇鱼谷呀?"奇奇看着面前的山谷说道。

"我觉得很有可能。"翔龙仔细地打量了一下山谷,只见里面大大小小的礁石密布,长满了各种各样奇形怪状的海洋植物。

"我们快到里面去看看吧。"点点觉得面前的山谷很可能就是他们要找的地方,有些着急地催促道。

三个小伙伴小心翼翼地进入山谷,虽然他们谁都没有明说,可是都有些担心:这个山谷既然叫蛇鱼谷,会不会隐藏着某种可怕的海洋生物呢?

走了一段距离,身边除了礁石和各种形状的海生植物,并没有发现什么异常,三个好朋友的胆子才渐渐大了起来。

"哈哈——这可真是捉迷藏的好地方。"翔龙看着周围迷宫般的地形,想起了他和奇奇在南海珊瑚礁捉迷藏时的情景。

"我才不和你捉迷藏呢。"奇奇想起上次的经历就后怕。

"嘿嘿,我就是说说而已,现在最重要的当然是尽快找到麒麟菜了。"好在翔龙还没有忘记他们此行的任务。

就在翔龙和奇奇闲聊的时候,心急游在前边的点点忽然激动地叫了起来:"你们快来看呀,麒麟菜——"

听到点点的喊声,奇奇和翔龙也激动地一起游了过去。

"看——在那边,洞穴的旁边。"点点指引道。

顺着点点指示的方向,翔龙和奇奇一起好奇地看过去,也惊喜地叫了起来:"呀——真的是麒麟菜。"

虽然他们谁都没有见过真正的麒麟菜,不过这次大家都断定,他们已经找到麒麟菜了。

只见在一个幽深的洞穴旁,一大片灰白色礁石的上面,生长着许多紫红色的树枝状海生植物,它们的主秆呈圆柱形,上面萌生密集的不规则分枝,有互生的,也有对生的,就如同小鹿头上美丽的鹿角。

"哈哈——可真不容易,让我好好看看。"翔龙激动

中国渔网和幸运的魔瓶

地游了过去,伸长脖子凑近了紫红色的植物仔细观察起来。

就在他们围着紫红色植物兴奋地上下观赏的时候,旁边位置隐蔽的黑乎乎的洞穴里,忽然冲出来一个模样怪异的生物,只见他气势汹汹地嚷道:"都给我离开这儿,这里是我的地盘,我不欢迎外人来。"

忽然响起的不友好的叫喊声吓了三个小伙伴一大跳,他们一起向喊叫的家伙看去,不由得同时倒吸了一口凉气。

只见这个模样古怪的生物,身体细长,好像一条海蛇,最显眼的是他的大嘴,密布着长而锋利的尖牙,因

毒蛇鱼

为牙齿太长了，嘴巴无法闭合，牙齿暴露在外面，一副十分可怕的样子。

"你是谁呀？"虽然对方的长相很可怕，但翔龙见他体形也不比自己大，而且自己这边是三个人，俗话说人多力量大，所以他并不怎么惊慌。

"我是毒蛇鱼，这地方就是用我的名字命名的。"毒蛇鱼很嚣张，不过他也确实有夸耀的资本。

他原本白天生活在深海里，夜晚才浮到海面附近觅食，因为蛇鱼谷食物丰富，又有许多阴暗的礁石洞穴可以藏身，所以有些毒蛇鱼就干脆住在了这里。

听了毒蛇鱼的话，三个小伙伴互相看了一眼，看来他们找对地方了。

聪明的奇奇忽然灵机一动，他想确认一下礁石上这些紫红色的树枝状植物是否真的是麒麟菜。

"这些麒麟菜可真漂亮，翔龙，我们采些带回去吧。"他故意说道。

"不行，这些麒麟菜都是我的，谁都不许动。"毒蛇鱼很蛮横地说道。

见计策成功了，奇奇有些得意地看了看身边的翔龙和点点，他们的脸上同时露出了开心的笑容。

"你住在洞穴里，这些麒麟菜长在礁石上，怎么会是你的呢？上面写着你的名字吗？"有两位好朋友在身边，点点不服气地反问道。

"我住在旁边就是我的。"毒蛇鱼霸道地瞪着点点。

"真不讲理。"点点被气坏了。

"小家伙，快给我离开这儿，别惹我，当心我一口就把你咬个透心凉。"毒蛇鱼张开令人生畏的大嘴威胁点点。

面对着对手闪着寒光的牙齿，点点害怕地后退了好几步，躲到了身强体壮的翔龙后面。

"你干什么，想欺负人吗？"翔龙把胸脯一挺，一副打抱不平的架势。

"欺负你们又怎么样，快给我离开，不然我就不客气了。"毒蛇鱼像一条毒蛇一样扭动着长条状的身体，狰狞的面孔在三个小伙伴的面前耀武扬威地晃来晃去。

奇奇有些害怕,他眼珠转了转,有了个好主意。

"翔龙,"他游到翔龙耳边小声说道,"要不我们先撤退吧。"

因为怕近在咫尺的毒蛇鱼听见,奇奇不敢明说自己的计划,他一边说一边朝好朋友使眼色,希望他能够明白自己的意思。

可是翔龙想在新朋友点点面前表现出自己的勇敢,正睁大了眼睛瞪着毒蛇鱼,和对方逞勇斗狠呢,根本没有注意到奇奇和自己使的眼色。

"不行,我不撤退,我们为什么要撤退?这个地方是大家的,他说是他的就是他的啦?他叫声麒麟菜看它们会答应吗?"吵起架来,翔龙牙尖嘴利的,也不是好欺负的。

见小海龟翔龙一副不把自己放在眼里的神情,毒蛇鱼火了,他恶狠狠地盯着翔龙,忽然发动了闪电般的进攻,只见几道白森森的寒光在清澈的海水中闪过,那是他尖利的长牙反射的白光。

虽然翔龙也小心提防着对手偷袭,可是毒蛇鱼的动作实在太快了,他快速闪躲的脑袋尽管没有被咬中,可是毒蛇鱼闪着寒光的尖牙擦着他的左腮划过,差点就被咬中了。

"呀——"翔龙吓得接连退后了好几步。

再看奇奇,退得更远,点点更是躲到了一棵枝丫茂密的麒麟菜后面,露着半个脑袋朝这边观望。

"快给我离开,看谁再敢来惹我。"毒蛇鱼见自己一出手就把对手震慑住了,气焰更加嚣张。

"翔龙——翔龙——"奇奇在后边小声地叫道:"要不我们先走吧。"

面对异常凶猛的毒蛇鱼,翔龙也有点发怵,听奇奇叫他,他扭回头看了一眼,正好看见奇奇不断地冲自己使眼色,他猛然反应过来:"奇奇肯定是想到更好的办法了。"

"奇奇,你想到什么好主意了吗?"他赶紧游到奇奇身边问道。

"我们先离开这儿再说。"奇奇怕自己的计划被对手偷听去,非常谨慎。

"好,我们走吧,麒麟菜又不是光长在这里,我们到其他地方去看看。"翔龙也很聪明,为了让对手相信他们真的走了,故意大声说道。

叫上还躲在麒麟菜后边的点点,三个小伙伴朝蛇鱼谷的深处游去。

毒蛇鱼也很狡猾,他并不轻易相信翔龙他们就这

么放弃了,直到看不见三个人的身影了,毒蛇鱼才以胜利者的姿态扬着脑袋得意扬扬地说:"哼——算你们识相,在蛇鱼谷这地方还没谁敢招惹我呢。"

见翔龙他们真的走了,毒蛇鱼心满意足地重新游回安乐窝,准备好好休息一下,等夜幕降临后再出来大吃一顿。

奇奇他们一直游到看不见毒蛇鱼了,赶紧躲到一块大礁石的后边,商议对策。

"奇奇,你是不是想到什么好主意了?"翔龙心急地问道。

"嘿嘿——是的。"奇奇说。

"快说,什么办法呀?"翔龙和点点一起期待地看着奇奇。

谨慎的奇奇先游出大礁石,朝来的方向张望了一会,确认毒蛇鱼没有跟来后,赶紧游了回来。

"我们先假装离开,一会儿再悄悄回去,从毒蛇鱼住的洞穴的后边摸到麒麟菜那儿去,趁他不注意,我们快速摘一些就马上离开,他肯定不会发现的——他总不能连觉都不睡,一直守着麒麟菜吧。"点点说出了自己的计划。

翔龙一听咧着大嘴乐开了,"哈哈——这可真是一个好办法,我这次一定要把那里的麒麟菜都采光,让那个不讲理的家伙哭去吧。"翔龙大笑道。

"谢谢你们,没有你们的帮助,我想我根本找不到麒麟菜。"点点真心地感谢道。

"嘿嘿,大家都是好朋友嘛,不客气。"奇奇不好意思地笑了。

三个小伙伴静静地躲在大礁石的后边,准备等毒蛇鱼放松了警惕后,再偷偷潜回去实施计划。

其实他们不了解毒蛇鱼的习性,如果等夜幕降临

后毒蛇鱼离洞外出觅食再动手,他们就是把所有的麒麟菜都采光了,毒蛇鱼也不会来阻拦的,因为那时他正张着大嘴忙着四处追逐猎物呢。

印度的泰姬陵

泰姬陵是印度莫卧儿王朝第五代君主沙杰罕为宠姬泰姬·玛哈尔修筑的陵墓,全部用白色大理石建成,主建筑四边各长5 687米,穹顶高74米。这座伊斯兰风格的建筑外形端庄宏伟,装饰富丽堂皇。它和埃及的金字塔、中国的万里长城、巴比伦的空中花园、罗马的大斗兽场、亚历山大墓和圣·索菲亚大教堂一起被称为世界七大建筑奇迹。

毒蛇鱼和蛇有关系吗?

毒蛇鱼也称蝰蛇鱼,它们因牙齿巨大且突出两腭之外状似蝰蛇而得名,是一种分布在全球的热带至温带海域的代表性深海鱼。

毒蛇鱼属于巨口鱼目巨口鱼科,是海洋深处一种凶猛的捕食者。它们有着和细长的身体不成比例的大嘴和长长的尖牙,牙齿如此之长,以至于无法安放在嘴里,下牙向后一直弯曲都快碰到眼睛了。科学家们认为它们的捕猎方式是快速游向猎物,然后把猎物钉在自己的牙齿上。

毒蛇鱼身体上有很多发光器,它们利用这些发光器引诱猎物靠近而捕食。它们的嘴巴张得很大,有一个荷叶状的头骨,下颌可以转得很开从而吞下大猎物,胃就像橡皮一样极具弹性,因此能吞下和本身同样大小的猎物。而且它们的胃还能起储存的作用,如果食品多了,就多吞食一些,放到胃里储存起来。

毒蛇鱼一般在海面下80~1 600米的水层出没,是这

个深度的海洋中看上去最面目可憎的鱼类之一。他们晚上到海面附近活动,白天则在深海阴暗处游动。

十二、还算圆满的结局

估计毒蛇鱼已经在洞穴里安稳了,三个小伙伴转头朝毒蛇鱼的老巢进发。这次他们格外谨慎,一路上说话都非常小声,快要到地方的时候,干脆连话都不说了,互相交流主要靠眼神和动作。

当礁石上紫红色的麒麟菜出现在视线里的时候,按照奇奇事先的计划,三个小伙伴互相看了一眼,朝彼此点了点头,然后悄无声息地向着洞穴的后面游了过去。

等安全地绕到了礁石的后面,脆嫩的紫红色麒麟菜就在眼前,几乎触手可及的时候,三位好朋友又互相对视了一下,每个人都从对方的眼睛里看见了喜悦。

翔龙用宽大的前肢指了指面前的麒麟菜,做了一个拉扯的动作,奇奇和点点一起点头会意,三个小伙伴一头扎进了麒麟菜丛中,用最快的速度开始采摘起来。

真正的麒麟菜茎秆脆嫩多汁,可不是辛格梦里梦见的那种扯不断的海草,三个小伙伴一起动手,很快就收集了一小堆,眼看着就可以大功告成了,他们的脸上都忍不住露出了胜利的笑容。

就在这关键的时刻,奇奇的身后忽然传来一声格外冷酷的说话声:"你们竟然敢来偷我的麒麟菜。"

一听这熟悉的冰冷的声音,三个好朋友的脑子就嗡的一声:"糟糕,被毒蛇鱼发现了。"

奇奇惊慌地回头,果然,凶猛的毒蛇鱼就在他身后不远的地方,可怕的大嘴一张一合,怒气冲冲地紧盯着他们。

"对……对不起,毒蛇鱼先生。"奇奇有些慌乱地说道。

暴怒的毒蛇鱼径直朝离得最近的奇奇冲了过来,张着大嘴冲奇奇的尾巴咬了下去。

"奇奇快跑。"一边的翔龙看得真切,他及时向奇奇报警。

奇奇当然也看见了毒蛇鱼那闪着寒光的满嘴尖牙,他猛地摆动尾巴,全速朝前方冲去,好险啊,差一点就被毒蛇鱼一口咬中。

见没有咬中奇奇,愤怒的毒蛇鱼又朝翔龙冲了过去。

"快跑!"翔龙赶紧和点点招呼了一声,就跟在奇奇的后边跑了起来。

点点的速度没有翔龙和奇奇那么快,他知道要是逃跑，肯定跑不过毒蛇鱼，急中生智的他凭着自己体形娇小的优势，一头钻进了旁边的一堆礁石里，三转两转就不见了踪影。

一转眼，三个小伙伴就跑得没了踪影，毒蛇鱼气坏了，他在麒麟菜的上方来回盘旋着。

等奇奇和翔龙终于停住的时候，才发现点点不见了。

"糟糕，点点不会让毒蛇鱼抓住了吧？"翔龙有些紧张地问道。

"我觉得不会。"奇奇虽然在逃跑，可一直留神身后的动静呢，他并没有听见点点喊救命的声音。况且点点很聪明，他并不是毒蛇鱼的主要目标，应该有机会逃走。

奇奇的话让翔龙放心了许多，他想了一下说道："我们得回去找到点点，还得想办法把采集的麒麟菜拿回来。"

"我们得想个稳妥的办法才行。"奇奇皱着眉头道。

"奇奇，我们来个调虎离山怎么样？"翔龙毕竟见多识广，他想到了一个可行的计策。

"什么是调虎离山呀？"奇奇问道。

翔龙跟奇奇详细解释了一番，奇奇眼前一亮，有了新的想法。

"翔龙,你想办法把毒蛇鱼引开,我去寻找点点,然后大家在麒麟菜那里会合,我们拿到麒麟菜就赶紧离开。"奇奇有了一个完整的计划。

翔龙认真地想了一下,这个办法完全可行,"好,就这么办。"他同意了奇奇的计划。

情况紧急,两个好朋友决定立刻行动,因为点点随时都可能面临危险。

一路上,翔龙都想着主意,见到毒蛇鱼该怎么说,才能让他上当。

想着想着,他忽然笑了起来,原来他想到了一个很好的办法。

"翔龙,你笑什么呀?"奇奇好奇地问道。

"嘿嘿,一会你就知道啦。"原来,翔龙想到毒蛇鱼很自负,如果用激将法肯定能成功,想到自己把毒蛇鱼气得暴跳如雷的样子,他才忍不住笑了起来。

奇奇也在紧张地思考着如何寻找点点,也就不再追问。

到了地方,两个好朋友对视了一眼,翔龙点了点点,深深吸了一口气,然后径直游向毒蛇鱼的老窝。奇奇则躲在一块礁石的后边,等待翔龙把毒蛇鱼引开后,立刻去寻找点点,然后把采集的麒麟菜收拾好,等翔龙回来就带着麒麟菜一起离开。

"翔龙,加油哇。"看着像勇士一样出征的翔龙,奇奇暗暗为他加油。

"面条鱼,快出来。"翔龙来到洞口,故意大声叫嚷,给毒蛇鱼起绰号,想激怒他。

听见翔龙叫毒蛇鱼为面条鱼,奇奇躲在礁石后边暗笑,身体呈长条形的毒蛇鱼确实很像一根超级宽的面条。

毒蛇鱼刚回到安乐窝躺下舒服地打着盹,准备为即将到来的晚上捕猎行动养精蓄锐,结果被吵醒了,他愤怒地冲出洞穴,一看又是那个讨厌的小海龟,简直快要气疯了。

"不知死活的小海龟,怎么又是你?"他气得都不知道该说什么了。

"嘻嘻——当然是我啦,我又来找你啦。"翔龙一副嬉皮笑脸的样子,那表情不知有多气人。

"找我干什么?"毒蛇鱼咬牙切齿地说道,恨不得一口就把翔龙的长脖子咬断。

"找你再比试一下,刚才我没有准备好,可不是怕你。"翔龙说这话的时候,故意侧着脑袋斜着眼看着毒蛇鱼,一副轻视对手的表情。

"什么!竟然敢上门来找我的麻烦,简直是吃了熊心豹子胆,不知死活的小海龟,我这就好好教训教训你，让你知道我的厉害。"说着，毒蛇鱼张开吓人的大嘴，就准备扑上来动手。

"慢——我话还没有说完呢。"见对手一步步上钩，翔龙心里暗笑，毒蛇鱼越是气恼，他反倒越发气定神闲起来。

"小海龟，有话赶快说。"毒蛇鱼气愤地说。

"着什么急嘛，反正你一会就是我的手下败将了，先让你多得意一会。"翔龙故意慢条斯理地说。

"什么！哎呀，气死我了。"毒蛇鱼气得在原地不停地转着圈子。

看着毒蛇鱼被自己快要气疯的样子，翔龙心里乐开了花，奇奇也在礁石后面捂着嘴偷笑。就在这时，奇奇忽然觉得后边有人轻轻碰了他一下，他下意识地一回头，差点惊喜地叫出声来——原来是点点，点点主动找他来了。

"点点，你刚才跑到哪里去了，我们都急坏了。"奇奇压低声音关心地说道。

"谢谢你们。"面对好朋友一脸真诚的关心，点点很感动。

点点简单讲述了一下他之前的行踪，原来就一直躲在离奇奇不远的一堆乱礁石中间。刚才听到外面吵吵嚷嚷的，仔细一听是翔龙的声音，就知道肯定是好朋友们来找他了，所以他赶紧游了出来，正好遇见了奇奇。

见点点安全无恙，奇奇才把一直悬着的心放了下来。时间紧急，他简要地和点点说了一下自己和翔龙的计划，然后重逢的两位好朋友一起躲在礁石后边，饶有兴趣地看翔龙戏耍毒蛇鱼。

这时再看毒蛇鱼，他自己转圈"自娱自乐"了一会，忽然想起应该教训气人的小海龟，他猛地停住了身子，紧盯着翔龙就准备再次猛扑过来。

"慢慢慢——"翔龙赶紧叫停，"我刚才的话还没有说完呢。"

"小……小……小海龟，有话……快……快说。"毒蛇鱼气得说话都不利索了。

毒蛇鱼越生气，翔龙越开心，他慢腾腾地说道："我想说的是——"说到这儿，他还故意停顿了一下，让毒蛇鱼着急。

"是什么，快点说。"毒蛇鱼气得鼻子都快要冒烟了。

看看效果差不多了，翔龙不再拖延时间，"这地方太窄了，我施展不开，要是换个开阔的地方，你肯定不是我的对手。怎么样，敢不敢换个地方较量一下，谁不

敢谁就是胆小鬼。"翔龙的话说得滴水不漏,逼得毒蛇鱼不得不答应。

毒蛇鱼果然上当了,"换地方就换地方,谁怕谁呀。"他一副自负的架势,根本没把翔龙放在眼里。

"地方还得我挑,要是我不满意,还是发挥不出我的本事来。"为了让计划顺利实施,翔龙并不介意毒蛇鱼的态度,他想把毒蛇鱼尽量引得远一些。

"随便。"毒蛇鱼一副无所谓的表情。

"好，那你跟我来吧。"翔龙一转身，朝与来时相反的方向游去。

"不管你耍什么花样，都不是我的对手。"毒蛇鱼张狂地说了一句，跟在了翔龙的后边。

一转眼，两个身影都消失了，奇奇和点点快速朝礁石上采集的麒麟菜游去。

来到礁石上，之前采集的麒麟菜还好好地躺在地上呢，奇奇和点点又抓紧时间采集了一些，看看差不多了，他俩用一根细长的海带把麒麟菜捆扎起来，然后焦急地等着翔龙回来。

再说翔龙，他一直朝前游啊游，把一心想决斗的毒蛇鱼带出了很远。看看差不多了，翔龙忽然猛地朝前冲刺，箭一般地向一片乱石堆游去。

"哈哈——毒蛇鱼，你这个大笨蛋，你上当啦——"翔龙一边游，一边开心地大叫。

看着翔龙快速游走的身影，毒蛇鱼猛然醒悟过来：哎呀，自己一定是中了对手的调虎离山之计了。

"好小子，竟然敢骗我，看我怎么收拾你。"说着，毒蛇鱼如同一道闪电朝翔龙的背影追去。

翔龙本来以为自己已经稳操胜券了，没想到愤怒的毒蛇鱼可以迸发出这么大的能量，他一回头，发现毒蛇鱼邪恶的眼睛就在他身后一两米的地方，一个加速满嘴锋利的牙齿就可以咬到自己了。

"哎哟——"翔龙吓得惊叫了一声,快速地划动四肢,使出自己"海底沙上漂"的功夫,拼命地逃跑。

翔龙加速的时候,毒蛇鱼正恶狠狠地朝他咬过来,一心逃跑的翔龙也顾不上了,有没有被咬中都没了感觉。

及时降临的黑夜拯救了翔龙,他在乱石堆里绕了一个圈子后就全速朝来的方向游去,不再去管什么毒蛇鱼了。他估计,这会奇奇应该已经找到点点,麒麟菜应该也采集好了,他要尽快赶回去和大家会合,带上麒麟菜立刻离开这个危险的地方。

翔龙回到毒蛇鱼老巢的时候,奇奇和点点正守在采集的麒麟菜旁边,焦急地向远处张望。

看到翔龙回来了,奇奇和点点都欢呼起来,"哦——我们胜利啰!"

"快带上麒麟菜离开这儿。"翔龙顾不上和两位好朋友细说,他怕毒蛇鱼会追上来。

麒麟菜太多了,翔龙急中生智,他让奇奇和点点把捆好的麒麟菜抬到他的背上,这会他宽大的背部成了一辆"海龟牌"运输车的敞篷车厢了。

三个小伙伴趁着夜色的掩护,一口气把麒麟菜运到了辛格家的中国渔网边。在回来的路上,毒蛇鱼没

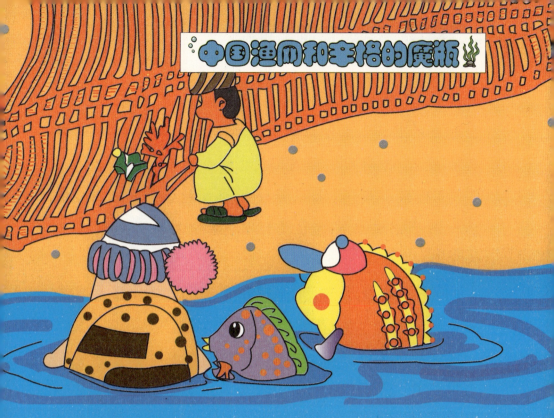

有再出现。

把麒麟菜安放在渔网里那个据说有魔力的瓶子边,三个小伙伴静静地守候着,等着清晨的来临。他们不希望辛辛苦苦得来的劳动果实再出什么意外,这可是翔龙冒着生命危险换来的呢。

清晨,当第一缕阳光洒满沙滩的时候,远处一个熟悉的身影出现了,那正是辛格。只见他步履沉重,每走一步都好像在想着心事。一天又过去了,麒麟菜还没有出现,一晚上他都没有睡好,心里老是记挂着,连梦境里也总是漫天飞舞的麒麟菜,和爸爸越来越沉重的喘息声。

来到自家的渔网边,当他看见一直放置在网里的魔瓶时，不禁惊喜地叫了起来："呀——麒麟菜。"只见在魔瓶的边上，一大堆紫红色的鹿角状海藻静静地躺在渔网里，在朝阳的照耀下，闪烁着神秘的光芒。

辛格兴奋极了，他以最快的速度把渔网升起来，然后一下子把麒麟菜抱在了怀里，像抱着世界上最珍贵的宝贝。

等稍微冷静下来，辛格发现有些不对劲，因为麒麟菜是被一根细长的海带捆绑好的。

辛格向海面张望，渔网不远处的一团水花引起了他的注意，他凝神细看，原来是点点，还有一只美丽的小海龟和一条从没有见过的小怪鱼，他们三个一起把脑袋探出水面，正看着自己呢。

见辛格发现了他们，点点带着奇奇和翔龙一起向岸边游来，迎上前去的辛格忽然在翔龙的背上发现了一小截折断的麒麟菜枝丫，他什么都明白了。

"谢谢你们。"晶莹的泪珠在辛格的眼中闪现，紧接着笑容又漾满了他的脸庞。

点点开心极了，他兴奋地在翔龙和奇奇的身边快速游动，不时欢快地跃出水面。

辛格不再耽搁，他抱起麒麟菜快速地向家的方向跑去，卧病在床的爸爸正等着这救命的灵药呢，只要爸爸把这些麒麟菜吃下去，很快幸福就会再次降临，驱散笼罩在家里多日的愁云。

　　看着辛格如小鹿般欢快的身影，三个小伙伴都如释重负，好像完成了一件很重要的任务。心情放松的翔龙忽然觉得尾巴有些火辣辣的疼，他让奇奇帮自己看一下。

　　"呀——翔龙，你的尾巴受伤了。"奇奇叫了起来。

　　只见在翔龙不被人注意的小尾巴上，有一道细长的伤口，看起来很像是被尖利的东西划伤的。

　　听了奇奇的描述，翔龙想了起来，这一定是毒蛇鱼那锋利的尖牙划伤的，自己逃跑的时候，这个家伙曾经恶狠狠在自己的后边咬了一口，也许伤口就是那时候造成的。

　　"翔龙，谢谢你。"见翔龙为自己的事情受了伤，点点可过意不去了。

　　"嘿嘿，没事没事，这算什么呀，过几天就好了。"翔龙一脸不在乎的表情。

　　晴空万里，碧海浪静，三个好朋友静静地看着岸上辛格消失的方向：辛格的爸爸吃了麒麟菜，应该很快就会好起来吧，他的脸上也不会再布满愁云了吧！

需要随时"灭火"的印度美食

凡是来印度生活的外国人,必须要闯过"两关":一是要耐得住印度夏天的酷热,二是要吃得下印度饭。印度食品比天气更火辣,菜几乎一律以黄色咖喱和一种名为"马萨拉"的香料为作料,其浓烈的辛辣味让人汗流浃背,连印度人自己在吃饭时都要准备好一大杯凉水,以便随时"灭火"。

哪条才是拿回宝藏的正确道路?

这件事发生在郑和的船队一次路过锡兰山国(今天的斯里兰卡)的时候,当时的国王亚烈苦奈儿见郑和的船队装载了大量的金银,竟然暗地发兵抢劫。郑和冷静应对,利用锡兰山城内兵力空虚的机会,调兵大破对手,并生擒了亚烈苦奈儿。传说郑和进城后,当地的百姓们都来告状,说亚烈苦奈儿贪婪暴戾,不仅搜刮百姓的钱财,还经常劫掠过往的商船,聚敛了巨额的财富,就藏在一座小山中。不过狡猾的亚烈苦奈儿把小山中的道路修建得错综复杂,犹如一座巨大的迷宫。通往宝库有三个入口,但是只有一条是正确的道路,其他两条不仅到不了宝库,还安放了众多的机关,一旦走错必死无疑。百姓们恳求伟大的郑和帮他们破解这个难题,拿回属于自己的财物。那么,郑和能够帮助当地百姓找到抵达宝库的正确道路吗?